C·H·Beck

PAPERBACK

Erik Schilling

AUTHENTIZITÄT

Karriere einer Sehnsucht

C.H.Beck

Originalausgabe

© Verlag C.H.Beck oHG, München 2020
www.chbeck.de
Umschlaggestaltung: Kunst oder Reklame, München
Umschlagabbildung: Selfie des Schopfmakaken Naruto auf Sulawesi,
Indonesien, © David J. Slater/Caters News Agency
Satz: C.H.Beck.Media.Solutions, Nördlingen
Druck und Bindung: CPI – Ebner & Spiegel, Ulm
Gedruckt auf säurefreiem, alterungsbeständigem Papier
Printed in Germany
ISBN 978 3 406 75760 0

myclimate

klimaneutral produziert
www.chbeck.de/nachhaltig

INHALT

ECHT – EHRLICH – WAHR: AUTHENTIZITÄT ALS SEHNSUCHT DER GEGENWART

Authentizität ist die Sehnsucht unserer Gegenwart: «Was steckt hinter den vielen Gesichtern des Schauspielers Lars Eidinger?», wollte das Bahn-Magazin *DB mobil* im März 2020 wissen. «Wie authentisch darf die Royal Family sein?», zerbrach sich *Der Spiegel* anlässlich des Rückzugs von Harry und Meghan aus dem britischen Königshaus den Kopf. «Trotz Corona-Ausbruch: Ischgl bleibt authentisch», versicherte die *taz* den krisenfesten Skifreunden unter ihren Lesern.

Politik, Gesellschaft und Kunst haben längst auf diese Sehnsucht nach Authentizität reagiert: Angela Merkel gewann eine ganze Bundestagswahl mit dem Satz «Sie kennen mich». Donald Trump nutzt Twitter als «way for me to get the truth out». Hannelore Kraft, ehemalige Ministerpräsidentin von Nordrhein-Westfalen, brachte sogar ihr politisches Programm auf den Slogan: «Ich bin authentisch.»[1]

Unzählige Coachings und Seminare werden zu Authentizität angeboten, sei es für bestimmte Bedürfnisse («Authentisch Frau sein», «Authentizität in der Führungsrolle»), sei es für das Leben insgesamt («Echt ist das neue Schön», «authentisch sein, aber richtig!»).[2] Authentisch zu sein, so wird suggeriert, ist in jedem Lebensbereich eine erstrebenswerte Verhaltensweise, die man mit wenigen Tricks aus sich herauskitzeln kann.

Auch die Werbung holt ihre Zielgruppen bei dem Bedürfnis nach Authentizität ab: «Frau verwöhnt, Kinder belustigt, Rasen gemäht … Jetzt ist meine Haut dran», war auf einem

Plakat der «Kampagne für authentische Männer» eines Kosmetikherstellers zu lesen. «Kesselblick und Hochgefühl – fürs Leben gern ein Stuttgarter», so behauptet eine Brauerei, für lokale Authentizität zu stehen. Und: «Es gibt sie noch, die guten Dinge», verspricht ein Einzelhandelsunternehmen.[3]

In der Literatur ist es gegenwärtig Mode, zwischen Autor und Erzähler bzw. Protagonist keinen Unterschied zu machen. Wohlmeinende Leser dürfen daher Karl Ove Knausgård dabei zusehen, wie er einige tausend Seiten lang an seinem Leben leidet. Sie dürfen mit Thomas Melle in die Abgründe einer manisch-depressiven Erkrankung abtauchen. Oder von Édouard Louis alles über dessen Leben als Homosexueller in der französischen Provinz erfahren.

Wo wir also noch nicht so ehrlich, unverstellt, aufrichtig sind wie Angela Merkel, Donald Trump oder Hannelore Kraft, da wollen wir es werden, durch Coaching, Konsum oder Lektüre. Der Weg ist flexibel, der Wunsch aber klar: Wir wollen authentisch sein.

Fünf Thesen zur Authentizität

In diesem Buch entwickle ich fünf Thesen, um Authentizität als Phänomen der Gegenwart kritisch zu analysieren:

(1) Authentizität spielt aktuell eine so große Rolle, dass sie für die Gegenwart als zentrale Sehnsucht zu beschreiben ist. Ihre Karriere belege ich an Beispielen aus dem kulturellen, politischen und sozialen Bereich.[4]

(2) Der Authentizitätsboom ist eine Reaktion auf eine zunehmende gesellschaftliche Komplexität, bedingt durch Digitalisierung, Globalisierung und die scheinbare Beliebigkeit der Postmoderne.

(3) ‹Authentizität› ist eng verwandt mit Begriffen wie ‹Echtheit›, ‹Eindeutigkeit› und ‹Wahrheit›. Die Rede von Authentizität besitzt daher metaphysische Anklänge.

(4) Um diese metaphysischen Anklänge zu vermeiden, sollte der Begriff ‹authentisch› nicht essentialistisch (im Sinne von: auf einen ‹wahren Kern› verweisend) verstanden werden. Ein essentialistisches Konzept von Authentizität führt zu Einschränkungen von Pluralität und Ambiguität.

(5) Eine sinnvolle Definition von ‹Authentizität› bezeichnet daher ausschließlich die *Übereinstimmung einer Beobachtung mit einer Erwartung des Beobachters.* Wer in diesem Sinne ‹authentisch› sagt, sagt nichts über die beobachtete Person oder Sache aus, nur über seine Erwartung und seine Beobachtung. Diese terminologisch präzisere Definition von ‹Authentizität› vermeidet, dass mit dem Begriff implizite Wertungen und Verabsolutierungen einhergehen.

Im Kern ist dieses Buch somit ein Plädoyer für Freiheit und Toleranz. Es lädt ein, das Leben leicht zu nehmen, Widersprüche im eigenen und fremden Verhalten zu akzeptieren und beim Denken das Interessante in der Unschärfe und der Frage zu sehen, nicht in der Klarheit und der eindeutigen Antwort.

Die Karriere des Authentischen

Das Authentische bedient eine Sehnsucht nach dem Hier und Jetzt, nach dem Greifbaren, dem Realen, dem Echten. In einer Welt, in der wir in wenigen Stunden von Berlin nach Boston, von Paris nach Peking jetten, in der Skype und WhatsApp kommunikative Distanzen aufheben, in der Fakes und Deep Fakes den Glauben an Evidenz erschüttern und künstliche Intelligenz die Grenze zwischen Mensch und Maschine verschwimmen lässt, da wächst der Wunsch nach Realem und/oder Lokal-Greifbarem, an dem man sich festhalten kann.

Das Digitale hat unser Leben in den vergangenen fünfzehn Jahren stärker verändert als die Industrialisierung in den 150 Jahren zuvor. Ich entsperre mit dem Handy das Car-

Sharing-Auto vor der Tür, lasse mich von Google zum Bahnhof navigieren und kaufe auf dem Weg vom Auto zum Gleis ein Ticket in der DB-App. Im Hintergrund dieser individuellen Erfahrungen verbinden global angelegte und digital optimierte Lieferketten Rohstoffe, Fabriken und Konsumenten auf unterschiedlichen Kontinenten. All dies ist Zeichen einer digitalen Verfügbarkeit in einer globalisierten Welt, die noch vor zwanzig Jahren undenkbar schien.

Digitalisierung überbrückt Distanzen, erspart es uns, Zeit auf unangenehme Tätigkeiten zu verwenden, ermöglicht bessere Therapien bei Krankheiten, macht Wissen weltweit in Sekundenschnelle verfügbar, verbindet Menschen mit ausgefallenen Hobbys oder Vorlieben und erlaubt auch denjenigen gesellschaftliche Teilhabe, die in ökonomisch schwachen oder abgelegenen Regionen leben. Globalisierung ermöglicht individuelle Mobilität, optimiert den Einsatz von Ressourcen und verbindet unterschiedliche Kulturen.

Einerseits also sind Digitalisierung und Globalisierung ein Geschenk. Andererseits sind wir schlichte Steinzeitmenschen, die zu ihrem Glück nicht mehr brauchen, als – in ein flauschiges Fell gehüllt – mit einigen lieben Menschen am Lagerfeuer zu sitzen und ein leckeres Stück Säbelzahntiger zu braten. In einer digitalen und globalisierten Welt aber läuft das Lagerfeuer auf YouTube, das Fell stammt von Ikea, der Säbelzahntiger von Beyond Meat, und die lieben Menschen sind auf Tinder anwesend, wo sie gemütlich nach links und rechts gewischt werden. In einer solchen Welt verspricht das Streben nach Authentizität Abhilfe. Charles Taylor schlug schon 2007 vor, die Gegenwart als *Age of Authenticity* zu bezeichnen.[5] Seitdem hat sich die Sehnsucht nach dem Authentischen noch deutlich verstärkt.

Digitalisierung bedeutet ‹Fake›, Globalisierung bedeutet Ungebundenheit. Beides durchaus mit positiven Konsequenzen: Das digitale Lagerfeuer spendet auch denjenigen wohlige Geborgenheit, die sich keinen eigenen Kamin leisten können.

Das künstliche Fleisch erspart Tierleid und verringert den CO_2-Ausstoß. Die App der Bahn verhindert, dass ich eine halbe Stunde am Schalter anstehen muss, um einen ‹authentischen› Ticket-Kauf zu erleben. Skype, WhatsApp und Co. ermöglichen es mir, mit Menschen in Kontakt zu bleiben, ohne wochenlang auf die echte Postkarte aus Australien warten zu müssen. Doch weil wir gleichzeitig in der digitalen Zukunft und in der steinzeitlichen Vergangenheit leben, weil wir in unmittelbarer Folge um die Welt reisen und uns über unser kleines Zuhause freuen, bedingen Digitalisierung und Globalisierung ein zu ihnen gegenläufiges Momentum: die Sehnsucht nach Authentizität. Was aber ist daran das Problem?

Die Willkür des Authentischen

Wenn jemand sagt, jemand oder etwas sei ‹authentisch›, behauptet er willentlich oder unwillkürlich Folgendes: Eine Beobachtung lasse Rückschlüsse auf eine Eigenschaft des Beobachteten zu (z. B. eines Menschen oder eines Objekts), und zwar dass dessen äußere Erscheinung übereinstimme mit seinem ‹wahren Kern›. Ist dies der Fall, wird das Prädikat ‹authentisch› verliehen. Ein extrovertierter Mensch ist ‹authentisch›, wenn er sich extrovertiert benimmt. Ein italienisches Restaurant ist ‹authentisch›, wenn Optik und Essen so sind wie in ‹echten› italienischen Restaurants. Dieser Gebrauch des Begriffs weist jedoch zwei Probleme auf: Er unterstellt, dass die Beobachtung objektiv sei (dass also das beobachtet werde, was für den ‹wahren Kern› charakteristisch sei) und dass es einen ‹wahren Kern› eines Menschen oder Objekts tatsächlich gebe.

Ein dilettierender Heideggerianer könnte hier das Sich-Entbergen eines Wesenskerns in Menschen und Dingen annehmen. Für alle anderen ist die Zuschreibung von Eigenschaften in hohem Maße kulturelle Praxis: Die deutsche Erwartung unterstellt, dass ein italienisches Restaurant Pizza serviert, obwohl Pizza als Gericht historisch nur für Neapel und die umliegende Campania charakteristisch ist. Wenn es einen ‹Wesenskern› eines italienischen Restaurants gäbe, würde dieser daher eher in der Ab- als in der Anwesenheit der Pizza auf der Speisekarte bestehen. Dass Pizza trotzdem in den meisten italienischen Restaurants in Deutschland zubereitet wird, hängt mit der kulturellen Erwartung der Restaurantbesucher (sozusagen: der Rezipienten) zusammen. Für viele von ihnen wäre ein italienisches Restaurant nicht ‹authentisch›, wenn es keine Pizza servierte. Dasselbe gilt, mit geänderter, elitärerer Zielgruppe und Erwartung, für diejenigen italienischen Restaurants, die den Anschein von Authentizität gerade dadurch erreichen, dass sie *keine* Pizza servieren.

Es geht keineswegs darum, diese Erwartungen abzuwerten – das wäre ebenso überheblich wie das vorschnelle Diskreditieren jeder kulturellen Praxis. Wichtig ist allerdings ein Bewusstsein dafür, dass die Bezeichnung eines Menschen, Ortes oder Objekts als ‹authentisch› die entsprechende Eigenschaft nur zuschreibt. Authentizität jenseits dieser Zuschreibung gibt es nicht. Weil die Bezeichnung als ‹authentisch› lediglich die Übereinstimmung einer Erwartung mit einer Beobachtung konstatiert, lässt sie nur Rückschlüsse zu über denjenigen, der «authentisch» sagt, über seine Erwartung und Perspektive – was potentiell hochinteressant ist. Wenig bis nichts hingegen sagt die Rede vom ‹Authentischen› über den Menschen oder das Objekt aus, das als ‹authentisch› bezeichnet wird. Auf diese Diskrepanz aufmerksam zu machen und damit verbundene Zusammenhänge als kulturelle Phänomene nachzuzeichnen, ist wesentliches Ziel dieses Buches.

Gut, könnte man einwenden, dann nennen wir das Bezeichnete also nicht ‹authentisch›, sondern beispielsweise ‹wahr› oder ‹echt›. Doch eine solche hypothetische Umbenennung unterstreicht die Problematik des Begriffs ‹authentisch›. Als kleines Experiment kann man die Alternativvorschläge in zwei Beispielsätze einfügen, in denen das Wort ‹authentisch› wohl unproblematisch akzeptiert würde: «Frau Merkel hat ihre authentische Haltung zum Atomausstieg präsentiert» oder «Christian Krachts Roman *Faserland* stellt das authentische Leben der 1990er Jahre dar». Aus dem ersten Satz würde: «Frau Merkel hat ihre wahre Haltung zum Atomausstieg präsentiert» (impliziter Unterton: «und nicht ihre vorgegaukelte»). Und aus dem zweiten Satz: «Christian Krachts Roman *Faserland* stellt das echte Leben der 1990er Jahre dar» (impliziter Unterton: «und nicht das Leben, von dem alle fälschlicherweise meinen, dass es für die 1990er Jahre charakteristisch sei»).

Durch den Austausch ist das Problem zu greifen: Während bei den Worten ‹wahr› und ‹echt› eine Sensibilisierung für mitschwingendes Pathos und Übertreibung besteht, suggeriert die Verwendung des Begriffs ‹authentisch›, beobachterunabhängig und neutral etwas über einen Menschen oder Gegenstand auszusagen. Doch das Gegenteil ist der Fall: Ebenso wie die Rede vom ‹Wahren› und ‹Echten› ist diejenige vom ‹Authentischen› zu großen Teilen raunende Spekulation, die behauptet, Zugang zu einer Art Spezialwissen hinter den oberflächlichen Erscheinungen zu haben.

Vor diesem Hintergrund zielt das Buch darauf, ein Bewusstsein für den Vorgang der Authentizitäts*zuschreibung* zu schaffen[6] und die entsprechende kulturelle Praxis kritisch (als quasi-metaphysisch) zu beschreiben. Es geht also im Folgenden nicht nur um Authentizität, sondern auch um einen prüfenden Blick auf verwandte Konzepte: Eindeutigkeit, Identität, Echtheit und Wahrheit.

Authentizität als Sehnsucht nach Wahrheit

«Pilatus sagte zu ihm: Also bist du doch ein König? Jesus antwortete: Du sagst es, ich bin ein König. Ich bin dazu geboren und dazu in die Welt gekommen, dass ich für die Wahrheit Zeugnis ablege. […] Pilatus sagte zu ihm: Was ist Wahrheit? Nachdem er das gesagt hatte, ging er wieder zu den Juden hinaus und sagte zu ihnen: Ich finde keinen Grund, ihn zu verurteilen.» (Joh 18,37 f.) Pilatus wirft mit seiner rhetorischen Frage das Problem auf, ob es Wahrheit überhaupt gibt und wie sie zu erkennen ist. Seinen Verzicht auf ein Urteil kann man in diesem Kontext so lesen: Wo keine Wahrheit erkannt wird, ist kein Urteil möglich.

‹Authentizität› behauptet das Gegenteil. Einen Menschen oder ein Objekt ‹authentisch› zu nennen, suggeriert das Wissen darum, wie er oder es in Wahrheit beschaffen sei. Aus der Zuschreibung von Authentizität spricht daher ein Wille zur Wahrheit. Wo sich die Erwartung vieler Menschen in einem bestimmten Kulturkreis deckt, beispielsweise hinsichtlich der Frage, wie ein italienisches Restaurant beschaffen sei, ist die Rede vom ‹authentischen Restaurant› nicht unbedingt sinnvoll, aber ungefährlich. In anderen Kontexten ist dies anders: Jemand, der ‹authentisch› sagt, behauptet – freilich meist unbeabsichtigt –, verstanden zu haben, was in Wahrheit ‹deutsch› oder das Wesen eines Mitmenschen sei.

Gemeinsam mit dem Willen zur Wahrheit offenbart die Rede von Authentizität eine Sehnsucht nach Eindeutigkeit. Etwas ‹authentisch› zu nennen, lässt keinen Raum für Unschärfe, Ironie, wechselnde Facetten. Stattdessen behauptet der Begriff, dass alles genau wahrgenommen werden könne und auch genau so beschaffen sei. Weil Authentizität häufig positiv besetzt ist,[7] führt dies zu einem Eindeutigkeitspostulat, das verkennt, dass viele Dinge weder eindeutig schwarz oder weiß sind noch sich eindeutig in unmissverständliche Worte fassen lassen.

Überraschenderweise treffen sich gegensätzliche politische Überzeugungen und Weltanschauungen darin, dass sie das Wahrheits- und das Eindeutigkeitsproblem übersehen. Die Rede vom ‹Authentischen› verbindet den kosmopolitischen Weltbürger, der die Mate in seiner argentinischen Stammkneipe oder das Saxophon-Solo des afroamerikanischen Mitbürgers ‹authentisch› findet, mit dem Nationalisten, der zu wissen glaubt, dass Anstand und Ordnung ‹authentisch› deutsch seien. Beide verkennen, dass Authentizität nur eine Formulierung ist, die die Übereinstimmung von (subjektiver) Erwartung und (subjektiver) Beobachtung konstatiert, nicht aber tatsächlich etwas über ein Saxophon-Gen von Afroamerikanern oder ein angeborenes Ordnungsbedürfnis von Deutschen aussagt.

Diese Neutralität gegenüber politischer Inanspruchnahme teilt der Begriff der Authentizität mit dem der Identität. Auch Identität entzieht sich – in der Alltagsverwendung des Wortes – der intersubjektiven Definition und wird von einem gesellschaftlichen Spektrum verwendet, das von der LGBTQ-Community mit ihrem Identitätspostulat bis zu den ‹Identitären› am politisch rechten Rand reicht.

So verlockend es also sein mag, auf der Suche nach Authentizität und Identität zu einem ‹wahren Kern› vorzudringen – die pragmatische und darin treffende Überlegung ist die skeptische Frage des Pilatus, die Wahrheit von einem objektiv zu bemessenden Wesenskern in den subjektiven Wahrnehmungsbereich verlegt. Auch eine vernünftige Definition von Authentizität muss dies tun.

Authentizität als Sehnsucht nach Übersichtlichkeit

Über die Sehnsucht nach Wahrheit hinaus bedient die Rede vom Authentischen eine Sehnsucht nach Übersichtlichkeit. Dass unsere Zeit eine Überforderung darstelle, ist Tenor zahl-

reicher teils gesellschaftskritischer, teils melancholischer Ge-
genwartsdiagnosen. So konstatiert Marcus Quent Gleichgültig-
keit und Zeitlosigkeit als Charakteristika der Gegenwart, Hans
Ulrich Gumbrecht spricht von einer ‹breiten› Gegenwart, die
von der Vergangenheit überlagert werde und der die offene
Zukunft als Gestaltungsraum abhandengekommen sei.[8] Wiederholt wird Kritik an der Globalisierung geäußert, die zu
einer langweiligen Vereinheitlichung und zur Ausbeutung
von Individuen führe:[9] Regionale Unterschiede verschwän-
den, Jobs könnten dank Digitalisierung in Sekundenschnelle
von Polen nach Indien, von Indien nach Venezuela umgelagert
werden, je nach kurzfristiger Verfügbarkeit von Arbeitskräf-
ten und auf der Jagd nach dem niedrigsten Lohnniveau.

Wenn man diese Beobachtungen teilt, lässt sich die Sehnsucht nach Authentizität als Gegenbewegung dazu lesen. Weil
die Rede vom ‹Authentischen› auf eine unveränderliche Essenz von Menschen und Dingen rekurriert, ist sie widerstands-
fähig gegenüber dem freien Flottieren digital-kosmopoliti-
scher Tendenzen. In der Sehnsucht nach Authentizität äußert
sich der Wunsch nach einem Fixpunkt in einem immer schnel-
ler rotierenden Universum: Großonkel Karl-Otto war schon
immer ein knorriger Kauz, und er ist es auch heute, an seinem 85. Geburtstag, wieder – wie herrlich authentisch! Im
Südtiroler Ahrntal weiden dieselben Kühe auf denselben Weiden wie vor 100 oder 200 Jahren – wie erfrischend authentisch! Die Bezugnahme auf Authentizität ist somit eine Möglichkeit, den Strudel der Zeit für einen Moment zum Halten
zu bringen.

Wo zudem – wie Andreas Reckwitz ausführlich dargelegt
hat – die Jagd nach dem Singulären zahlreiche Teile der Gesellschaft prägt,[10] sich also jeder von Nachbarn, Kollegen,
Freunden durch etwas genuin Eigenes abgrenzen will, etwa
durch die individualisierte Handyhülle oder die personali-
sierte Müsli-Bestellung im Internet, da trägt das Rekurrieren
auf einen authentischen Kern des Individuums dazu bei, die

Individualität zu erhöhen: Ich mag ein knorriger Kauz sein, aber so bin ich nun einmal, so bin ich authentisch, und deswegen ist das nicht nur gut so, sondern ein Trumpf, mit dem ich mich von meinen Mitmenschen unterscheide.

Die Sehnsucht nach Authentizität speist sich aber nicht nur aus dem Wunsch der Vielflieger (und Daheimgebliebenen), in Zeiten der Digitalisierung und Globalisierung möge alles ein wenig einfacher, klarer, überschaubarer sein. Sie ist zugleich die Rebellion der Kinder der Postmoderne gegen ihre Eltern. Die Postmoderne hatte ab den 1960er Jahren die ‹großen Erzählungen› für obsolet erklärt, die über Jahrzehnte oder Jahrhunderte Halt und Orientierung geboten hatten: die Ausrichtung des Lebens auf Gott, auf die Befreiung der Arbeiterklasse oder auf die Bedeutung der deutschen Nation. Zentrales Argument dagegen: Solche Ideale sind willkürlich gesetzt. Ein klares Ziel, auf das hin sich das individuelle Leben oder die Gesellschaft als ganze bewegen, erschien der Postmoderne als eine Irreführung auf der Basis von Machtstrukturen.

Wenn die Kinder der Postmoderne nun ihren rituellen Vatermord begehen, dann sind sie (zumindest die meisten) selbstverständlich nicht so naiv, die katholische Kirche, die SPD oder das Deutsche Reich wieder als das einzig Wahre auf den Sockel der Anbetung zu heben. Dass deren beste Zeit lange vorbei ist (und nicht wiederkehren wird), wissen sie. Anstatt deduktiv von einem Ziel her zu denken und das (individuelle und kollektive) Streben daran auszurichten, verfahren sie induktiv: Von den einzelnen Phänomenen her versuchen sie, Rückschlüsse auf eine zugrundeliegende Essenz zu ziehen und darin den verlorenen Fixpunkt zu erkennen. Das postmoderne Spiel der Signifikanten, die Dekonstruktion von Machtstrukturen, das Aufdecken der sozialen Konstruktion von Geschlecht und Geschlechterrollen werden ersetzt durch die Suche nach einem Signifikat, durch ein Verständnis von Macht vom Individuum her (etwa in der Emanzipation gesellschaftlicher Minderheiten) oder durch ein essentialistisches

Geschlechterbild, das neben dem sozialen Geschlecht auch biologischen Voraussetzungen ein Recht zuspricht (etwa im Hinblick auf das dritte Geschlecht).

Um eine große These zu wagen, die – wie alle großen Thesen – reduktionistisch ist und sich mit Einzelbeispielen widerlegen lässt, aber vielleicht einen interessanten Reflexionsraum eröffnet: Die Gegenwart ist insofern Kind der Postmoderne, als auch sie nicht vom großen Ganzen her denkt, sondern vom Einzelphänomen her.[11] Die großen Erzählungen sind immer noch tot, da haben Nietzsches Hammer-Philosophie und Derridas Dekonstruktion ganze Arbeit geleistet. Im Unterschied zur Postmoderne aber wird dieses Einzelne (die Bedeutung eines Zeichens, die Hierarchie einer Familie oder Gesellschaft, das Geschlecht einer Person) nicht als beliebig – und damit als historisch veränderlich – aufgefasst, sondern als äußerer Ausdruck eines zugrundeliegenden Wesens. Das authentische Sein bricht sich Bahn, so die Annahme, weil es nicht konstruiert ist, sondern – im Gegenteil – fundamental bestimmend für das Zeichen, die Gesellschaft, die Person.

Authentizität als Sehnsucht nach Kontrolle

Neben der Sehnsucht nach Wahrheit und Übersichtlichkeit ist Authentizität auch Sehnsucht nach Kontrolle. Wer über einen Menschen sagt, er sei authentisch, glaubt, vor unangenehmen Überraschungen geschützt zu sein. Keine Scharade, keine Heuchelei sind zu befürchten. Die Unterstellung von Authentizität bedingt also Vertrauen.

Außerdem dient die Bezeichnung einer Person oder Sache als ‹authentisch› der Selbstbestätigung. In einem authentisch italienischen Restaurant erwarten wir Pizza – und bekommen Pizza und sind zufrieden. Unser Schema wird auf angenehme Weise bestätigt. Dies verhindert Enttäuschungen, erspart Korrekturen der Erwartung und schont die Denkleistung, die für die Korrekturen erforderlich wäre.

Authentizität ist daher die Wellness-Oase des Alltags: Zurücklehnen, Augen schließen und entspannen – nichts Unvorhergesehenes geschieht. Das Prädikat ‹authentisch› filtert die erbarmungslos auf uns einprasselnde Wirklichkeit, reduziert ihre Komplexität und ordnet sie in Kategorien, die wir nicht hinterfragen müssen. ‹Gefühlt authentisch: ja/nein?› – entsprechende Bewertung als positiv oder negativ. Ein kontinuierliches Reflektieren dieser Kategorien würde unsere Auffassungsgabe überfordern. Wir brauchen Authentizität als Denkfigur, um die Einweisung in die Psychiatrie zu vermeiden. Die Zuschreibung von Authentizität hat psychologisch stützende Funktionen: Sie kanalisiert unser Vertrauen, bestätigt unsere Selbst- und Fremdbilder und systematisiert die unübersichtliche Welt.

Indem wir bestimmte Personen und Dinge als ‹authentisch› bezeichnen, klassifizieren wir sie als ungefährlich, weil wir zu wissen glauben, woran wir sind. So können wir unsere Aufmerksamkeit stärker auf die Personen richten, von denen wir widersprüchliche Signale wahrzunehmen glauben und die deswegen potentiell eine Gefahr darstellen – die aber deswegen auch interessanter sind. Es ist wie in der Liebe: Die Person, die einen aufrichtig liebt, ist eine Wohltat, weil sie der Psyche Geborgenheit, dem Ego Selbstbestätigung und im Lärm der Welt einen epikureischen Garten verspricht. Wunderschön – und langweilig. Das Gegenteil ist die Person, die man verehrt, die aber kontinuierlich widersprüchliche Signale aussendet, bisweilen zum Flirt einzuladen scheint, dann wieder abweisend und kalt ist. Anstrengend – und aufregend.

Ist Authentizität erstrebenswert?

«Ja», würden die meisten Menschen vermutlich ohne Zögern sagen. Der Begriff ‹authentisch› ist extrem positiv besetzt. So war der zentrale Rat, den der frühere bayerische Ministerpräsident Horst Seehofer seinem designierten Nachfolger Markus Söder mit auf den Weg gab, einen «authentischen» Politikstil zu pflegen: Man müsse «seine Lebenserfahrung, seine Überzeugung zum Ausdruck bringen und in die Politik umsetzen», sagte Seehofer, «die Leute wollen keine Inszenierung».[12] Ein als authentisch wahrgenommener Mensch gilt – in diesem Punkt dürfte Seehofer einmal mit der Mehrzahl der Bevölkerung einer Meinung sein – als nahbar, vertrauensstiftend, aufrichtig.

Weil Authentizität so hoch im Kurs steht, ergibt sich eine normative Komponente: Man hat authentisch zu sein. Nun ist es weder überraschend noch verwerflich, dass Gesellschaften oder Kulturen normativen Vorstellungen folgen. Ganz im Gegenteil: Vermutlich sind die meisten Menschen froh, dass ihr Zusammenleben gewissen Regeln unterliegt, die die Orientierung erleichtern und vor empfundenen oder tatsächlichen Zumutungen schützen. Es handelt sich um eingeübte Konventionen, die meist eingehalten, bisweilen aber auch gezielt gebrochen werden. So ist es potentiell sanktioniert, im Minirock in die Oper zu gehen oder im Ruheabteil des ICE zu telefonieren. Beides kann man zwar tun, ohne strafrechtliche Konsequenzen fürchten zu müssen; es droht jedoch gesellschaftliche Ächtung. Ähnlich – könnte man meinen – steht es um authentisches und nicht authentisches Verhalten. Doch Authentizität ist im Feld gesellschaftlicher Normativität ein Sonderfall, weil es sich bei ihr um eine ‹Meta-Norm› handelt.

Eine Meta-Norm ist Authentizität, weil der Begriff sich nicht auf eine konkrete Eigenschaft oder Handlung bezieht, sondern abstrakt für konstatierte Widerspruchsfreiheit steht.

‹Authentizität› bezeichnet ein Passungsverhältnis wie von Topf und Deckel: Um was für einen Topf und Deckel es sich handelt, ist egal – Hauptsache authentisch. Authentizität wird so zu einer gesellschaftlichen Norm, der kaum zu entkommen ist. Wenn ich gerne Miniröcke trage, muss ich nicht in die Oper gehen. Wenn ich unterwegs gerne telefoniere, kann ich mit Freisprechanlage Auto fahren. Wenn ich es aber genieße, mit verschiedenen Erwartungen und Rollenvorstellungen zu spielen – dann komme ich kaum umhin, mich falsch zu benehmen. Dann verhalte ich mich in jedem Kontext inadäquat, für den Authentizität als Meta-Norm gilt, und das ist aktuell fast jede Form gesellschaftlicher Interaktion.

Authentizität als Meta-Norm ist totalitär und deswegen als gesellschaftliches Ideal ein Problem. Anders ist dies allenfalls dann, wenn die Zuschreibung von Authentizität sich auf Selbstbeobachtung bezieht, wenn also der Beobachter mit dem Beobachteten identisch ist und sich selbst dahingehend befragt, ob er sich in seinen Äußerungen oder seinem Verhalten als widerspruchsfrei zu dem empfindet, was er von sich erwartet (also wie er sich gerne äußern oder verhalten würde). Dieser Sonderfall ändert nichts an der grundsätzlichen Struktur der Zuschreibung von Authentizität; er macht jedoch Erwartung und Perspektive transparent – und ist nicht mit gesellschaftlichen Sanktionen verbunden.

Ein Liberalitätsparadox

Eine Gesellschaft, in der Authentizität das prägende Ideal ist, erlaubt es den einzelnen Menschen, sich so zu verhalten, wie sie wollen. Manche Freiheitsgewinne auf der Basis des Authentizitätsparadigmas sind entsprechend groß. Dies gilt etwa für die erfolgreichen Forderungen von Minderheiten, ihre Identität nach ihren Wünschen zu leben. Für all die Menschen, denen das Streben nach Authentizität hilft, so zu sein, wie sie

möchten, ist es eine gewaltige Errungenschaft. Ein homosexueller Mensch ist eben nicht einfach jemand, der keine Lust auf
die gesellschaftliche Konvention heterosexueller Partnerschaf-
ten hat. Nein, er ist so lange unfrei, wie ein Widerspruch zwischen tatsächlichem und gewünschtem Verhalten besteht, ja
sogar noch so lange, wie er den Kollegen im Büro nicht vom
Wochenendausflug mit gleichgeschlechtlicher Partnerin oder
Partner erzählt, weil er Bedenken hat, dass dieses Verhalten
unerwünscht sein könnte – und nicht einfach, weil er auf
freien Wunsch zwischen beruflicher und privater Sphäre trennt.

Doch die These, authentisches Verhalten sei freies Verhalten, ist einzuschränken: Zum einen ist für den einzelnen Menschen die gängige Vorstellung von Authentizität durchaus be-
engend, wenn sie ein normatives Verständnis mit von außen
herangetragenen Erwartungen kombiniert (sei du selbst, und
zwar so, dass ich dich als authentisch wahrnehme). Zum anderen beschneidet die freie Entscheidung eines Individuums,
authentisch zu sein, mitunter die Freiheit anderer Menschen.
Im Prinzip muss die Sehnsucht nach Authentizität jedes Wesen oder Verhalten tolerieren, solange es scheinbar authentisch ist. Wer behauptet, authentisch zu sein, macht sich damit
für Kritik unangreifbar. Wenn ich authentisch zu sein glaube,
indem ich in der U-Bahn Lieder von Helene Fischer singe oder
jedem ungefragt meine Meinung zu seinem Kleidungsstil sage,
mag das zwar meinen Bedürfnissen entsprechen, es ist jedoch
eine Zumutung für die Freiheit der anderen.

Die Sehnsucht nach Authentizität hat daher ein Liberalitäts-
paradox zur Folge: Einerseits führt die Möglichkeit, sich ‹authentisch› zu verhalten, dazu, dass Menschen individuell neue
Freiheiten gewinnen. Dem gegenüber stehen Einbußen an
Freiheit durch die Zumutungen anderer Menschen, die ihrerseits ‹authentisch› sein wollen, das aber auf eine Art und Weise
ausleben, die mich in meinem Handeln oder Leben einschränkt.
Zumindest in Teilen ist eine Gesellschaft mit dominanter Präferenz für authentisches Verhalten daher weniger frei.

Die Alternativen: Professionalität,
Situativität, Ambiguität

Die Zuschreibung von Authentizität zielt auf Ehrlichkeit, Beständigkeit und Eindeutigkeit. Als Alternativkonzepte kommen Professionalität, Situativität und Ambiguität in Frage. Sie ersetzen die Perspektive auf das Sein durch diejenige auf das Handeln und fragen: Ist es nicht Zeichen von professionellem Verhalten, in bestimmten Situationen *nicht* ehrlich zu sein? Besteht das Leben nicht aus einer Pluralität von Situationen, für die unterschiedliche Verhaltensweisen hilfreich sind, auch wenn sie nicht vollständig konsistent sind? Ist Ambiguität als Rezeptionshaltung nicht spannender als die Suche nach der eindeutigen Aussage, weil sie ein breites Spektrum an Interpretationen zulässt?

Mit ‹Professionalität› bezeichne ich das Ausfüllen einer bestimmten z. B. beruflichen oder gesellschaftlichen Rolle. Von einem Gefäßchirurgen erwarte ich, dass er meine Krampfadern operiert, unabhängig von seiner und meiner Einstellung zu einer CO_2-Steuer. Eine Diplomatin muss Beziehungen zu einem autoritären Regime pflegen, auch wenn ihr die Missachtungen der Menschenrechte dort zuwider sind. Eine Strafverteidigerin muss für ihren Mandanten einen fairen Prozess erreichen, auch wenn sie persönlich die Tat des Mandanten abscheulich findet. In all diesen Fällen verhalten sich die Beteiligten nicht authentisch, sondern professionell – glücklicherweise, weil sonst jeder Alltagshandlung eine Gesinnungsprüfung vorausgehen müsste. Professionalität ermöglicht einen Umgang miteinander, der nicht auf das Wesen der Mitmenschen schaut, sondern für eine funktional differenzierte Gesellschaft gewährleistet, dass Dienstleistungen ohne Ansehen der Person in Anspruch genommen werden können.

Unter ‹Situativität› fasse ich das situationsangepasste Verhalten einer Person. In der Rhetorik würde man vom *aptum* sprechen, der Angemessenheit einer Rede. Meine Rede zum 85. Geburtstag von Großonkel Karl-Otto mag noch so geistreich gewesen sein, sie passt nicht zu seiner Beerdigung zwei Wochen später. Bei meinen Kindern mag es erforderlich sein, ihnen jeden Schritt einer Alltagstätigkeit genauestens zu erläutern – mein Projektteam ist davon spätestens nach zwei Tagen genervt. Als Lehrer muss ich Wissen weitergeben; mache ich das konsequent auch am Küchentisch, mutiere ich zum Mansplainer. Im Unterschied zur Professionalität geht es bei der Situativität nicht um den Widerspruch zwischen ‹eigentlicher› und professionell dargebotener Tätigkeit oder Überzeugung, sondern um dieselbe Handlung, wobei sie je nach Kontext einmal angemessen, einmal unangemessen ist. Sich authentisch zu verhalten, also seinen Mitmenschen in jedem Kontext dieselbe Verhaltensweise zu oktroyieren, wäre eine Form der Übergriffigkeit.

‹Ambiguität› schließlich bezeichnet die Wertschätzung der Gleichzeitigkeit zweier Alternativen, die einander widersprechen, die Wertschätzung von Ambivalenz: Mein Chef ist ein Menschenfeind und schenkt mir eine Flasche Wein zum Geburtstag. Meine Frau ist mit mir verheiratet und hat ein Tinder-Profil. Angela Merkel ist für Atomkraft und gegen Atomkraft. In allen Fällen liegt ein Widerspruch vor, weil sich die Alternativen wechselseitig auszuschließen scheinen. Keine dieser Personen würde ohne Weiteres das Prädikat ‹authentisch› verliehen bekommen. Doch vielleicht haben die Beteiligten gute Gründe: professionelles Verhalten, soziologische Feldstudien oder der Wandel einer Überzeugung auf der Basis neuer Argumente. Über solche Ambivalenzen nachzudenken ist – behaupte ich – spannender als der eindeutige Fall. Die Wertschätzung von Ambivalenz lädt ein, scheinbar allgültige Schemata zu hinterfragen, und lässt Spielraum für Pluralität.

In allen drei Fällen – Professionalität, Situativität, Ambiguität – sind potentiell Widersprüche zu ertragen: Professionalität trennt zwischen der privaten Person und der öffentlich eingenommenen Rolle, wobei Letztere auch beibehalten wird, wenn sie zu Ersterer in Widerspruch gerät. Situativität ermöglicht die Anpassung des Verhaltens an eine bestimmte Situation, auch wenn dies im Widerspruch zum eigentlich gewünschten Verhalten steht. Ambiguität schätzt die gleichzeitige Präsenz zweier einander eigentlich ausschließender Optionen. Auch wenn keine der drei Varianten ‹authentisch› ist – ihr gesellschaftlicher Wert ist nicht hoch genug zu schätzen.

Als authentisch, nicht als professionell, präsentieren sich (zumindest in meiner Wahrnehmung) Donald Trump in seinen Tweets, Nigel Farage in seiner EU-Verachtung und Matteo Salvini, wenn er Fotos von sich in Badehose zeigt. Professionell verfahren Barack Obama, die Queen und Angela Merkel, die (fast immer) säuberlich zwischen privater Person und öffentlicher Rolle trennen.

Als authentisch und nicht als situativ angepasst empfinde ich Helmut Schmidt, der überall geraucht hat, Alexander Gauland, der jedes Thema auf die Migrationsfrage bringt, und Markus Söder, der bei jeder passenden und unpassenden Gelegenheit betont, dass Bayern das beste Bundesland sei. Situativ angepasst verhalten sich Silvio Berlusconi, der als Schlagersänger, Unternehmer und Ministerpräsident jeweils auf andere Weise nicht überzeugte, Heino, der den Song *Junge* der Punkrock-Band *Die Ärzte* so treffend coverte, dass diese ihm mit einer Klage drohte, und Ursula von der Leyen, die sich als Mutter, Verteidigungsministerin und EU-Kommissionspräsidentin jeweils neu erfand.

Für ein Publikum, das Authentizität (und nicht Ambivalenz) schätzt, erzählt Karl Ove Knausgård sein Leben als Reality-Show in Romanform, singen die *Rolling Stones* seit fünfzig Jahren dieselben Lieder und präsentiert Kim Kardashian die immer gleichen Selfies. Auf Ambiguität als Wertschätzung von Ambivalenz zielen hingegen Umberto Eco, dessen *Name der Rose* gleichzeitig Kriminalroman, philosophisches Traktat, literaturtheoretische Abhandlung, Geschichte der Mönchsorden im Mittelalter und vieles mehr ist, David Bowie, der auf Plattencovern und in Videos zwischen weiblich und männlich oszilliert, und Madonna, die das ganze Spektrum zwischen (Gottes-)Mutter und Mätresse abdeckt.

Als Reaktion auf das Plädoyer für Professionalität, Situativität und Ambiguität liegt es möglicherweise nahe, diesem Buch den Pippi-Langstrumpf-Vorwurf zu machen: «Ich mach mir die Welt, widewide wie sie mir gefällt» – das gab es doch schon einmal, es hieß Postmoderne, war der Aufruf zum immerwährenden Spiel und wurde deswegen als Lizenz zu völliger Regellosigkeit (‹anything goes›) verstanden (oder missverstanden). Doch es gibt einen entscheidenden Unterschied zwischen dekonstruktivistisch-postmodernen Bestrebungen und den Konzepten der Professionalität, Situativität und Ambiguität, die ich skizziere: Alle drei Konzepte gehen nicht von einer Beliebigkeit der Bedeutungszuschreibung aus. Stattdessen handelt es sich bei ihnen um Ausprägungen einer hermeneutisch-kulturwissenschaftlichen Methodik: Ziel ist zu verstehen, welches professionelle Verhalten wie performativ besetzt werden kann, welcher Kontext wie situativ zu erfassen ist oder warum eine konkrete Rezeption als ambig erfolgt. Im Grundsatz ist das Buch daher ein Plädoyer für eine aufgeklärte Hermeneutik. Es geht darum, die Welt unter bestimmten Bedingungen (z. B. Kulturen, Epochen, Systemen) in ihren jeweiligen Kontexten zu verstehen und aus diesem Verständnis ein kontextadäquates Verhalten abzuleiten.

Welcher Lesertyp sind Sie?

Am Ende des ersten Kapitels ist es Zeit für die Frage: Warum lesen Sie dieses Buch? Es konkurriert mit hundert anderen Menschen und Dingen um Ihre Aufmerksamkeit: Das Baby schreit, das Handy vibriert. Sie sollten die Großmutter anrufen, den Sommerurlaub buchen. Ihre Chefin möchte die Präsentation morgen sehen, und Sport machen wollten Sie auch. Warum also dieses Buch lesen – welcher Lesertyp sind Sie wirklich (ganz authentisch)?

Lesertyp 1: Sie lesen dieses Buch, gerade weil Ihre Aufmerksamkeit eigentlich anderswo sein sollte. Sie sind genervt von der ständigen Zerrissenheit, von den Leuten, die (mit guten Gründen) an Ihnen zerren, von der Hektik des Alltags. Sie sehnen sich nach dem Echten, dem Einfachen, dem Wahren. Sie wollen endlich bei sich selbst ankommen, ganz Sie selbst, mit einem Wort: authentisch sein.

Lesertyp 2: Sie lesen dieses Buch als Flucht nach vorne, weil Sie dem Thema ‹Authentizität› ohnehin nicht entkommen: Sie lesen dokumentarische Romane, in denen Autoren von ihrer Familiengeschichte erzählen. Sie sehen Serien, die nach historischen Gegebenheiten gestaltet sind, etwa *Das Boot* nach dem U-Boot-Krieg im Atlantik oder *Chernobyl* nach dem Atom-Unglück 1986. Sie beobachten, wie sich Andreas Scheuer an dem BMW erfreut, den einst Franz Josef Strauß ohne Tempolimit durch Bayern jagte. Kein postmodernes Spiel bestimmt die Welt, sondern der Wunsch, einen Einblick zu erhalten, wie es hinter den Kulissen ‹wirklich› war oder ist. Dem wollen Sie auf den Grund gehen.

Lesertyp 3: Sie lesen dieses Buch, weil Sie Authentizität für Humbug halten und mit intellektuellem Interesse (und leiser Schadenfreude) zusehen wollen, wie der Autor ein Konzept verteidigt, das zum Scheitern verurteilt ist. Für Sie ist Authentizität eine Kombination aus Reality-TV, Donald Trump und Selbstfindungstrip, was Sie jeweils – und in Kombination – verabscheuen. Wenn jemand ein ganzes Buch über diesen Unsinn schreibt, wollen Sie sich amüsieren.

In allen drei Fällen werde ich Sie vermutlich erfreuen und enttäuschen, wenn ich Authentizität erstens analytisch beschreibe und zweitens kritisch betrachte. Denn dies bedeutet für Lesertyp 1, dass ich zwar den Zusammenhang zwischen Authentizität und der Sehnsucht nach dem Echten, Ehrlichen und Wahren herausarbeite, diesen aber zugleich in seiner Problematik beleuchte. Für Lesertyp 2 versuche ich zu belegen, dass Authentizität das zentrale Thema unserer Gegenwart ist – allerdings als scheiternde Sehnsucht. Lesertyp 3 schließlich wird in seiner Verachtung bestätigt, wo ich die Grenzen der aktuellen Vorstellung von Authentizität aufzuzeigen versuche, und widerlegt, wo ich den Wunsch nach dem Authentischen als durchaus nachvollziehbar beschreibe.

Erfreut und enttäuscht – vielleicht ist das gar nicht weit entfernt vom Horazischen *aut prodesse aut delectare*, dem zufolge ein Dichter entweder Nützliches oder Erfreuliches oder beides zugleich bieten wolle. Nützlich ist die Enttäuschung, weil sie – im besten Fall – zur Reflexion anregt. Und erfreulich ist die Selbstbestätigung. Doch trifft der Vergleich mit dem Dichter zu? Schließlich handelt es sich bei diesem Text um ein Sachbuch, bei dem der Autor dafür einsteht, dass er meint, was er sagt – oder? Eine weitere Facette der Authentizitätsproblematik scheint auf: Kann, darf, soll ich als Autor dieses Buches «ich» sagen? Und bin ich dann das Ich, das heute Abend Netflix-schauend eine Tiefkühlpizza verspeist? Oder das akademische Ich, dessen Rohdaten Sie auf einer Homepage einsehen können?

Bei diesem Buch handelt es sich um einen Essay. Das bedingt Unterschiede sowohl zu einer genuin wissenschaftlichen Publikation als auch zu einem literarischen Werk. Der Autor eines Essays sagt öfter «ich» als der einer Qualifikationsschrift, aber seltener als der Ich-Erzähler eines Romans. Wo Ersterer gänzlich neutral zu bleiben hat und Letzterer maximal subjektiv sein kann, ist der Autor eines Essays ein Zwischenwesen, das in seiner Subjektivität objektiv ist und seine Objektivität subjektiv färbt. Der Essayist ist ein Grenzgänger zwischen (realem) Autor und (fiktivem) Protagonisten und in dieser Rolle authentisch – an ausgewählten Stellen, von denen nur er weiß, wenn überhaupt.

WESEN ODER WIRKUNG?
BEGRIFFLICHES ZU AUTHENTIZITÄT

Im ersten Kapitel wurde bereits deutlich, dass der Begriff ‹authentisch› zahlreiche Facetten und Verwendungsweisen hat. ‹Authentisch› genannt werden unter anderem Objekte (z. B. Dokumente oder Kunstwerke), deren Echtheit verbürgt scheint, das Verhalten eines Menschen, die Aufrichtigkeit einer Person bei einer Aussage sowie bestimmte Eindrücke oder Erfahrungen. Gemeinsam ist allen Verwendungsweisen, dass die Eigenschaft des Authentischen praktisch ausschließlich positiv konnotiert ist, während das Gegenteil als Fälschung, Heuchelei, Lüge oder Täuschung abgewertet wird.

Das nun folgende Kapitel tritt aus den Beispielen einen Schritt heraus und erfasst das Phänomen ‹Authentizität› auf einer begrifflich-theoretischen Ebene. Es ist erforderlich, um präzise zu erläutern, was man mit dem Begriff ‹authentisch› häufig auszusagen glaubt, was damit tatsächlich ausgesagt wird und wie sich der Begriff schärfen lässt. In den weiteren Kapiteln soll sich die verbesserte begriffliche Fassung dann in der Betrachtung der Felder von Literatur und Kultur, Politik und Medien sowie dem Verhalten des Individuums bewähren.

Die kulturwissenschaftliche Forschung hat Authentizität schon lange als Ergebnis einer Beobachtung, nicht als essentialistisches Charakteristikum verstanden. So fasst beispielsweise Antonius Weixler mit Blick auf die Literatur Authentizität als Phänomen, «das vom Rezipienten aufgrund bestimmter Strukturen und Konstruktionen einem Text *zuge-schrieben* wird».[1] Dies führe zu einem Authentizitätspakt. Auch Helmut Lethen betont, dass nicht geklärt werden könne, was tatsächlich ‹authentisch› sei. Eine Analyse müsse sich daher darauf konzentrieren, «welche Verfahren den Effekt des ‹Authentischen› auslösen können».[2] Forschungsbeiträge zu Authentizität unterscheiden darüber hinaus oft zwischen Subjekt- und Objektauthentizität,[3] was von der historischen Entwicklung des Begriffs ‹authentisch› ausgeht. Dieser steht in Antike und Mittelalter zunächst primär für die Echtheit einer Urkunde oder eines Dokuments, ehe er ab dem 18. Jahrhundert im Sinne von ‹Originalität› und erst seit dem 20. Jahrhundert auch als Eigenschaft von Personen verwendet wird.[4]

Im Hinblick auf die Analyse von Authentizität als Zuschreibungsphänomen schließe ich mich der Forschung an. Modifikationen möchte ich bei der Subjekt-Objekt-Differenzierung und den Strukturen ästhetischer Effekte von Authentizität vorschlagen, die Weixler als Schwerpunkte der Forschungstradition identifiziert: «Zum einen werden entlang einer Subjekt-Objekt-Unterscheidung die Aspekte Autorschaft und die damit verbundene Autorität (Subjekt) sowie die Referenz auf eine ‹Wirklichkeit› (Objekt) thematisiert. Zum anderen wird versucht, die Verfahren und Konstruktionen, die einen ästhetischen Effekt des Authentischen auslösen, zu operationalisieren.»[5]

Welche Strukturen, Konstruktionen oder Verfahren eines Textes oder Kunstwerks es sind, die den Eindruck von Authentizität entstehen lassen, lässt sich – meine ich – kaum verallgemeinernd sagen. Es mag im Einzelfall bestimmte Charakteristika geben, die bei manchen Rezipienten die Bereitschaft auslösen, das Gesagte als ‹authentisch› einzustufen, zum Beispiel im Hinblick auf den Autor.[6] Doch diese Beschreibung operiert mit zahlreichen Unbekannten, die kaum analytisch zu bestimmen sind: Welche Verfahren etwa sind konkret gemeint, an welche Rezipienten wird gedacht, welche Eigenschaft des Autors steht im Fokus? Statt solcher ‹Authentizitätsindikatoren› gibt es allerdings ‹Authentizitätskonventionen›, die in einem spezifischen soziokulturellen Kontext (der als solcher zu beschreiben ist, um die Erwartung des Publikums zu klären) eine Rezeption als authentisch nahelegen. Der Abschnitt zu Authentizitätskonventionen wird dies im Detail erläutern.

Die Unterscheidung von Subjekt- und Objektauthentizität ist systematisch nicht erforderlich, denn die Zuschreibung von Authentizität verfährt in beiden Fällen nach demselben Muster – unabhängig davon, ob ein Mensch oder eine Sache als authentisch bezeichnet wird. Interessant ist vielmehr, inwieweit eine Zuschreibung des Prädikats ‹authentisch› intersubjektiv möglich ist. Ich schlage daher vor, statt von Subjekt- und Objektauthentizität von *subjektiver* und *intersubjektiver Authentizität* zu sprechen. Dies verlegt die Unterscheidung konsequent von der beobachteten in die beobachtende Instanz.

Für eine genaue begriffliche Systematisierung halte ich neben der (1) intersubjektiven Authentizität und der (2) subjektiven Authentizität eine Differenzierung Letzterer für sinnvoll, und zwar in (2a) Wesensauthentizität, (2b) Erfahrungsauthentizität und (2c) Sprechauthentizität. Davon sollen die folgenden Abschnitte handeln.

(1) intersubjektive Authentizität:
Zuschreibung basiert auf intersubjektiv geteilten Kriterien

(2) subjektive Authentizität:
Zuschreibung basiert auf subjektivem Beobachtereindruck einer Übereinstimmung von
- Wesen und Ausdruck (2a: Wesensauthentizität)
- Erfahrung und Ausdruck (2b: Erfahrungsauthentizität)
- Intention und Ausdruck (2c: Sprechauthentizität)

Intersubjektive Authentizität

Intersubjektive Authentizität (also Intersubjektivität in der Beobachtung) erreichen beispielsweise die Philologie oder die Kunstgeschichte, wenn sie eine Lesart im Rahmen einer Edition oder ein Werk als authentisch (für einen Text, einen Urheber, eine bestimmte Zeit etc.) klassifizieren. Hier gibt es Kriterien etwa für die Frage, ob ein Bild von Max Ernst oder ein Autograph von Goethe ist – nämlich z. B. andere Bilder bzw. Autographen derselben Person, auf deren Basis Übereinstimmungen oder Abweichungen festgestellt werden können. Bei diesem Vorgang geht es nicht um subjektive Erfahrungen und Erwartungen der Wissenschaftlerin oder des Wissenschaftlers, sondern um intersubjektiv prüfbare Thesen (die Schrift weist Besonderheiten auf, die andere Autographen des Autors ebenfalls besitzen; der Pinselstrich ist so geführt, wie es für die Künstlerin charakteristisch ist etc.).[7] Im Falle einer solchen anhand von Kriterien überprüfbaren Zuschreibung ist es durchaus sinnvoll, den Begriff ‹authentisch› zu verwenden.

Auch bei subjektiver Authentizität geht es grundsätzlich darum, einem bestimmten Zeichen – beispielsweise einer Aussage, einem Text, einem Kunstwerk – Stimmigkeit im Hinblick auf ein zugrundeliegendes Kriterium zu unterstellen. Wie im Falle der intersubjektiven Authentizität handelt es sich um einen Wahrscheinlichkeitsbegriff. Der Unterschied besteht jedoch darin, dass diese Stimmigkeit nicht anhand intersubjektiv überprüfbarer Charakteristika zu beschreiben ist. Dass etwas authentisch für ‹den tief empfundenen Weltschmerz des Autors›, für ‹weibliches Schreiben› oder für ‹die deutsche Seele› sei, lässt sich nicht intersubjektiv überprüfen – weil es keine Kriterien dafür gibt, was mit den drei genannten Zuschreibungen gemeint sein könnte. Freilich ist die Grenze zwischen beiden Kategorien fließend. Sollte sich beispielsweise eine relevante Zahl von Wissenschaftlerinnen und Wissenschaftlern auf klar definierte Merkmale weiblichen Schreibens einigen, würde sich die Zuschreibung ‹authentisch weiblichen Schreibens› von subjektiver zu intersubjektiver Authentizität verschieben.

Subjektive Authentizität I: Wesen

Mit Wesensauthentizität bezeichne ich die angenommene Übereinstimmung des ‹Wesens› eines Subjekts oder Objekts mit einem von ihm gesendeten Zeichen, etwa einer Aussage oder Handlung (dies fasst Authentizität als Wahrheitsbegriff).[8] Hier bezieht sich das Prädikat ‹authentisch› auf das Verhältnis einer beobachtbaren Eigenschaft, Aussage oder Handlung zum ‹wahren Kern› des Subjekts oder Objekts. Dieses Denken setzt eine «Unterscheidung zwischen der Substantialität des Tiefen und der Leichtheit der Oberfläche voraus – ein binäres Verhältnis, das der Unterscheidung zwischen dem Sinn (dem Tiefen) und den Formen seines Ausdrucks (der Oberfläche) entspricht».[9] Es handelt sich um ein essentialistisches Konzept, das annimmt, dass Dingen und Menschen bestimmte Grundzüge eigen sind, die sich nicht verändern und somit kennzeichnend für ihr Wesen sind («ich zeige, was/wie ich wirklich bin»).

Wesensauthentizität dürfte am häufigsten gemeint sein, wenn der Begriff ‹Authentizität› verwendet wird. Wann immer jemand über einen Menschen sagt, er sei authentisch, bezieht er sich wissentlich oder unwissentlich auf dieses essentialistische Konzept von Authentizität. Auch der verbreitete Wunsch, man wolle oder solle selbst authentisch sein, funktioniert entsprechend: Ich habe ein bestimmtes Wesen (z. B. als Frau, als Homosexueller, als Ostwestfale), und dieses Wesen möchte ich unverstellt nach außen hin präsentieren. Zu dem Konzept der Wesensauthentizität gehört auch die gängige Aufforderung, ‹einmal ganz man selbst zu sein›, sich von allen Erwartungen freizumachen, ganz ‹authentisch› Mutter, Führungskraft oder Ehepartner zu sein.

Problematisch am Konzept der Wesensauthentizität ist, dass es keinen Spielraum für Veränderungen lässt. Während eine relative Stabilität im Leben oder in der Persönlichkeit offen ist für Entwicklungen, Umbrüche, Gestaltung, legt einen die Vorstellung, man könne oder solle als Mensch in einer bestimmten Weise authentisch sein, dauerhaft fest. Wenn ich wesenhaft eine Frau, homosexuell und/oder Ostwestfale bin, habe ich – das Authentizitätspostulat vorausgesetzt – keine Chance, einmal eine nicht als weiblich angesehene Verhaltensweise auszuprobieren, eine heterosexuelle Erfahrung zu machen oder mich mit einer Eigenschaft wohlzufühlen, die gemeinhin als ‹typisch bayerisch› aufgefasst wird. Selbstverständlich steht es mir in der Praxis trotzdem frei, all dies zu tun; weil ich damit aber gegen mein ‹Wesen› handle, verhalte ich mich je nach Kontext unaufrichtig, nicht im Einklang mit mir selbst oder im Widerspruch zu sozialen Normen.

Ein weiteres Problem der Annahme von Wesensauthentizität ist deren mangelnde Objektivierbarkeit. Gerade für eine Eigenschaft, die mich als Menschen oder die eine Sache maßgeblich und potentiell für immer prägt, wäre es wünschenswert, dass sie zuverlässig und objektiv erkannt werden kann. Doch inwieweit ein solches Erkennen möglich ist, ist bestenfalls fraglich: Kann die Eigenschaft überhaupt beobachtet werden? Wenn ja: Ist die Beobachtung zuverlässig; wird tatsächlich das beobachtet, was man zu beobachten glaubt? Auch die Selbstbeobachtung ist nicht notwendigerweise objektiv – wozu gäbe es sonst Psychoanalytiker, -therapeuten und andere, die uns dabei helfen, uns besser zu verstehen?

Darüber hinaus lässt das Konzept der Wesensauthentizität kaum Raum für Widersprüchlichkeiten im Verhalten, Denken und Fühlen. Es verknüpft die Annahmen der Eindeutigkeit, Wahrheit und Aufrichtigkeit zu einer Mischung, die nur die

Opposition (auf)richtig vs. falsch kennt. Das Konzept mag befreiend wirken, weil es Kategorien bietet (Frau, Homosexueller etc.), in die man sich integrieren oder von denen man sich abgrenzen kann. Einengend ist es jedoch, wo ein Wechsel oder die Positionierung im Graubereich zwischen den Kategorien gewünscht wird. Entscheidend ist dabei auch, ob das Authentizitätskonzept nur deskriptiv gehandhabt wird oder ob es normativ gewendet ist.

Subjektive Authentizität II: Erfahren

Neben dem Bezug auf ein bestimmtes Wesen verweist subjektive Authentizität oft auf die persönliche Erfahrung als Charakteristikum des Authentischen: Nur jemand, der ‹dabei› war, könne sagen, ‹wie es wirklich gewesen ist›. Es handelt sich um ein Konzept, das man ‹Erfahrungsauthentizität› nennen kann. Die Zuschreibung von Authentizität ist in diesem Fall eng verbunden mit der Nähe des Aussagenden zu den Ereignissen («ich berichte, was ich wirklich so erlebt habe»).

So wird beispielsweise solchen Personen eine hohe Erfahrungsauthentizität zugesprochen, die zu einer bestimmten Zeit an einem bestimmten Ort waren, also etwa den Zweiten Weltkrieg oder den Fall der Berliner Mauer erlebt haben. Auch die Erfahrung einer bestimmten (Lebens-)Situation ‹qualifiziert› für Erfahrungsauthentizität, etwa das Erleben von Migration, von sexueller Diskriminierung oder von sozialem Aufstieg. Im Zuge einer solchen Erfahrungsauthentizität wird häufig das individuelle Gedächtnis zur Stütze des kollektiven Gedächtnisses: Die ‹authentische› Erfahrung eines Zeitzeugen wird als exemplarisch angesehen für eine Epoche, eine soziale Schicht oder bestimmte Erlebnisse. Einziges Kriterium für die Authentizitätszuschreibung ist die persönliche (räumliche und/oder zeitliche) Nähe der berichtenden Person zu den Ereignissen bzw. ihre persönliche Betroffenheit.

Insofern ‹Authentizität› einen Zusammenhang von Erwartung, Beobachtung und Beobachtetem beschreibt, trägt (räumliche und zeitliche) Nähe gewiss dazu bei, ein höheres Maß an Authentizität plausibel erscheinen zu lassen. Das Argument hierfür sind Informationsverluste, die bei zunehmender Distanz zwischen Beobachtung und Beobachtetem entstehen, etwa wenn eine Vermittlungsinstanz zwischengeschaltet wird. Somit hat das Nähe-Argument für Authentizität als Phänomen der Beobachtung eine gewisse Überzeugungskraft.

Für das essentialistische Authentizitätspostulat allerdings gilt dies nur in geringem Maße. Warum sollte jemand das ‹wahre Wesen› eines Menschen oder einer Sache besser erkennen, nur weil er räumlich oder zeitlich näher dran ist? Man muss nicht das Sprichwort von Wald und Bäumen zitieren, um zu fragen: Sind nicht andere Mittel und Wege vielversprechender, um den Dingen auf den Grund zu gehen (falls das überhaupt funktioniert) – etwa eine besonders geschulte Beobachtungsgabe, ein Versuchsaufbau, in dem die zu beobachtende Eigenschaft besonders klar hervortritt, oder die Möglichkeit, die Beobachtung durch Einordnung in übergreifende Zusammenhänge zu interpretieren und so besser zu verstehen? Nähe ist in diesem Kontext allenfalls ein Argument unter vielen, jedoch kein besonders starkes.

Problematisch wird das Argument der Nähe darüber hinaus, wenn man es normativ wendet: ‹Authentisch› (also implizit: im Besitz der wahren Einsicht) könne nur sein, wer oder was besonders nahe am fraglichen Objekt oder Ereignis dran (gewesen) sei. Diese Auffassung führt zu unbegründeten Exklusionsmechanismen. Wenn nur noch ‹authentisch› zu einer Sache Stellung nehmen kann, wer möglichst nah dran war oder ist, hat dies zur Folge, dass nur Angehörige von Minderheiten über Diversität in Gesellschaften sprechen dürfen, nicht auch Soziologen; dass nur Shoah-Opfer über Pogrome im Zweiten Weltkrieg schreiben dürfen, nicht auch nachgeborene Historiker; dass nur Brasilianerinnen vom Karneval in Rio berichten dürfen, nicht auch asiatische Journalisten. Das normativ gewendete Gesetz der Nähe-Bedingung besagt, andernfalls sei das Ganze nicht authentisch, das ‹wirkliche Wesen› der beobachteten Entität könne aus der Distanz und ohne die eigene Erfahrung nicht erkannt werden.

Subjektive Authentizität III: Sprechen

Neben der Bezugnahme auf Wesen oder Erfahrung lässt sich subjektive Authentizität drittens als Wahrhaftigkeit verstehen: als Sprechauthentizität. Sie bezeichnet die Übereinstimmung zwischen einer Intention des Subjekts und einem von ihm gesendeten Zeichen, etwa einer Aussage oder Handlung. Hier ist der Bezugspunkt vom Wesen auf die Intention verschoben («ich spreche oder handle aufrichtig»).

Das Konzept lässt – verglichen mit der Wesensauthentizität – insofern mehr Spielraum für Unschärfe, als es die Möglichkeit einer Diskrepanz von Sein und Schein in Erwägung zieht. Solange ich aufrichtig spreche oder handle, ist dies unabhängig von einem etwaigen zugrundeliegenden ‹Wesen›. Ich kann in meiner Autobiographie aufrichtig über eine wilde Nacht am Ballermann schreiben, obwohl ich mich möglicherweise völlig falsch an die Ereignisse erinnere und somit bezogen auf das Wesen der Dinge die Unwahrheit sage. Entscheidend ist, dass ich mit Blick auf die Aufrichtigkeit meiner Intention bei der Erzählung authentisch bin.

Hinsichtlich der Fragen von Intersubjektivität und Normativität ist Sprechauthentizität allerdings ähnlich problematisch wie Wesensauthentizität. Objektiv von außen zu prüfen, ob jemand aufrichtig spricht, ist nicht einfach – sonst wären polizeiliche Verhöre effizienter. Sich selbst im Hinblick auf authentisches Sprechen objektiv zu prüfen, ist ebenfalls gar nicht so leicht – denn wo liegt die Grenze zwischen einer leicht vorteilhaften Darstellung von Gegebenheiten und einer eindeutigen Lüge, wo zwischen Höflichkeit und Ehrlichkeit?

Wo authentisches Sprechen zur Norm wird, droht zudem jede Form rhetorischer Schattierung zunichtegemacht zu werden. Ironie ist nicht erwünscht, wo radikale Aufrichtigkeit gefordert wird, auch wenn die Ironie bestimmte Sachverhalte besser erfasst als das eindeutige Sprechen (weil bestimmte Sachverhalte nicht eindeutig sind). Höflichkeit und andere konventionsgebundene Umgangsformen werden zum Problem für denjenigen, der stets authentisch sprechen möchte – obwohl es sich bei ihnen möglicherweise nicht nur um ein einengendes Korsett, sondern auch um soziale Errungenschaften handelt. Auch die Fiktion steht auf dem Prüfstand, wo ein nicht-authentisches Sprechen gegen die Norm verstößt. Warum als Autorin komplizierte Lügengeschichten erfinden, wenn ein aufrichtig erzählter Lebensbericht doch so viel authentischer (und damit erstrebenswerter) ist?

Authentizität: Eine neue Definition

Sinnvoll intersubjektiv verwenden lässt sich der Begriff ‹authentisch› nur, wenn er ein Phänomen der Beobachtung bezeichnet: Wenn jemand eine Person oder Sache ‹authentisch› nennt, beschreibt er die Übereinstimmung einer bestimmten Erwartung mit einer Beobachtung. Es handelt sich um eine Dreieckskonstellation:

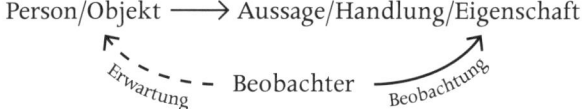

Person/Objekt $\longrightarrow$ Aussage/Handlung/Eigenschaft

Erwartung — Beobachter — Beobachtung

(1) Erwartung = Beobachtung => Wahrnehmung als authentisch

(2) Erwartung ≠ Beobachtung => Wahrnehmung als unauthentisch

(3) Erwartung modifiziert => Authentizität zweiter Ordnung

> ‹Authentisch› nennt ein Beobachter die Übereinstimmung einer Beobachtung (z. B. einer Eigenschaft, Aussage oder Handlung) mit seiner Erwartung (bezüglich einer Person oder eines Objekts).

Für diese Definition ist entscheidend, dass an keiner Stelle auf das ‹tatsächliche› Wesen des Beobachteten abgehoben wird. Die Erwartung ist ausschließlich Teil des Beobachters. Dasselbe gilt für die Beobachtung: Auch sie betrifft nicht die eigentliche Eigenschaft, Aussage oder Handlung, sondern deren Wahrnehmung durch den Beobachter. Der Beobachter kann freilich auch mit der beobachteten Person identisch sein, beispielsweise wenn er eine Diskrepanz zwischen einer selbsttätigen Aussage und einem eigentlichen, ‹authentischen› Wunsch feststellt. Dies ist im Rahmen höflichen Verhaltens gang und gäbe, etwa wenn man auf den angebotenen Kaffee verzichtet, um keine Umstände zu bereiten. An der Struktur der wahrgenommenen Authentizität ändert die Identität von Beobachter und Sprechendem bzw. Handelndem jedoch nichts.

Die hier vorgeschlagene Definition von ‹Authentizität› hat zwei entscheidende Vorteile: Erstens objektiviert sie den Begriff (soweit dies möglich ist), weil der Beobachter nicht über den Wesenskern einer Person oder Sache spekuliert, sondern auf der Basis vergangener Erfahrungen eine Erwartung expliziert, die er sodann an der aktuellen Beobachtung prüft. Zweitens kommt die Definition ohne Differenzierungen aus, was die beobachtete Entität betrifft. Die Unterscheidung zwischen Subjekt- und Objektauthentizität, also zwischen der Authen-

tizität eines Menschen und der einer Sache, handelt sich nämlich prekäre Fragen nach dem Subjektstatus ein.

Im Prinzip verfährt die vorgeschlagene Definition hinsichtlich der Frage nach Authentizität wie ein Agnostiker bei der
Frage nach Gott. Ein Atheist würde bestreiten, dass es Gott
gibt, während ein Agnostiker sagt, dass er keine Aussage darüber treffen kann. Ein radikaler Kritiker des Authentizitäts-
konzepts würde behaupten, dass es keinen Wesenskern einer
Person oder Sache gebe. Der hier unterbreitete Vorschlag hingegen schließt nicht aus, dass ein solcher Kern existieren
könnte. Er bezweifelt jedoch, dass er zu erkennen ist, und hält
deswegen ein Konzept für sinnvoller, das ohne die Annahme
seiner Existenz auskommt.

Auf diese Weise geht die Definition einen wesentlichen
Schritt weiter als die Versuche, Authentizität mit Bezug auf
Wesen, Erleben oder Sprechhaltung zu beschreiben. Diese reduzieren zwar sukzessive den essentialistischen Bezug, geben
ihn jedoch nie ganz auf. Erst das Verständnis von ‹authentisch› als Konstatieren der Übereinstimmung zwischen der
Wahrnehmung eines Beobachters und seiner Erwartung verzichtet völlig auf die Annahme, dass die Zuschreibung von
Authentizität etwas über die Sache selbst aussagen könnte.

Aus diesem Grund verzichtet die Definition auch bewusst
auf Thesen, wie es zu Authentizitätsannahmen kommt. Welche Effekte eines beobachteten Subjekts oder Objekts zuverlässig dazu führen, dass Erwartungen erfüllt werden und
Authentizität zugeschrieben wird, ist verallgemeinernd nicht
anzugeben, weil der Vorgang – wie die Authentizitätskonventionen zeigen werden – vom jeweils spezifischen kulturellen
und kommunikativen Kontext abhängt. Eigenschaften oder
Verhaltensweisen von Orten, Personen oder Dingen, die in *einem* Kontext zu bestimmten Erwartungen und damit verbundenen Authentizitätszuschreibungen führen, leisten dies in
einem *anderen* Kontext gerade nicht.

Die Definition ähnelt bestimmten Konzepten der Soziologie,

beispielsweise den von Erving Goffman in seinem Buch *Wir alle spielen Theater* (1956) entwickelten Thesen. Goffman schreibt: «Insofern man [sich ein] Bild von dem Einzelnen gemacht und ihm somit ein Selbst zugeschrieben hat, entspringt dieses Selbst nicht seinem Besitzer, sondern der Gesamtszene seiner Handlungen [...]. Eine richtig inszenierte und gespielte Szene veranlaßt das Publikum, der dargestellten Rolle ein Selbst zuzuschreiben, aber dieses zugeschriebene Selbst ist ein Produkt einer erfolgreichen Szene, und nicht ihre Ursache.»[10] Mit der Terminologie des Theaters, die Goffman für seine soziologische Analyse verwendet, wird ein vergleichbarer Effekt beschrieben: Das Publikum glaubt an ein ‹wahres Selbst› desjenigen, der eine Rolle spielt, doch dieses zugeschriebene Selbst basiert auf der Summe vorangegangener Erfahrungen und dem Bild, das sich daraus ergeben hat.

Zwei zentrale Argumente gegen die vorgeschlagene Definition sind denkbar. (1) ‹Authentizität› bezeichne einen Erwartungsbruch, nicht eine Erwartungserfüllung. (2) Es gebe vielleicht keinen dauerhaft stabilen Wesenskern einer Person oder Sache, aber doch relative Stabilität, auf die sich die Rede von Authentizität beziehen könne.

Gegenargument I: Erwartungsbruch

Einen plausiblen Einwand gegen die Definition von Authentizität als Zusammenhang von Erwartung und Erwartungserfüllung bilden Fälle, in denen als ‹authentisch› etwas bezeichnet wird, das der Erwartung gerade widerspricht: Eine Professorin kommt zu einem Workshop und setzt sich im Schneidersitz mit ausgezogenen Schuhen auf den Stuhl – sehr authentisch! Ich bin zum ersten Mal in Venedig und rieche, dass die Kanäle stinken – das also ist das authentische Venedig! Hier ist die Erwartung scheinbar gegensätzlich zur eigentlichen Beobachtung: Von einer Professorin erwarte ich bei einem Workshop, dass sie professionell-kontrolliert auftritt; den geschilderten Auftritt müsste ich also als ‹unauthentisch› empfinden. Von Venedig habe ich ein romantisch-idealisiertes Bild; die stinkenden Kanäle dürften ebenfalls nicht authentisch auf mich wirken. Doch das Gegenteil ist der Fall. Warum?

Weil ich meine Erwartung im Moment der Beobachtung anpasse. Wenn ich dieselbe Professorin einige Wochen später erneut auf einem Workshop erlebe, empfinde ich sie nicht als authentisch, wenn sie kühl-distanziert im Kostüm vor den Teilnehmern stehenbleibt. Wenn ich einige Monate später erneut nach Venedig reise und es stinkt nicht, sage ich zu meiner Begleitung, dass das nicht das echte Venedig sei, es müsse am günstig stehenden Wind liegen.

Auch in diesen Fällen liegt also ein Verhältnis von Erwartung und Erwartungserfüllung vor. Die Beobachtung bestätigt die erste Erwartung zwar nicht, modifiziert sie aber unmittelbar und schafft damit eine neue Erwartung. Ernst von Glasersfeld hat dies im Anschluss an Jean Piaget mit den Begriffen der Assimilation, der Perturbation und der Akkommodation beschrieben. Gibt es nur eine kleine Abweichung von der Erwartung, wird sie – per Assimilation – in die Erwartungshaltung integriert. Unterscheidet sich die Beobachtung hingegen fundamental von der Erwartung, liegt ein Moment der Perturbation vor, der nur beseitigt werden kann, indem eine neue Erwartung erzeugt wird. Diesen Vorgang bezeichnet von Glasersfeld als Akkommodation. Bezogen auf Authentizität könnte man von einer Authentizitätszuschreibung zweiter Ordnung sprechen. Dass die Erwartung rasch angepasst werden kann, stellt das grundsätzliche Konzept nicht in Frage.

Gegenargument II: Relative Stabilität

Die Möglichkeit der Anpassung betrifft auch den zweiten Einwand: den der relativen Stabilität. So wie bestimmte Faktoren im Leben über einen Zeitraum konstant bleiben, gilt dies auch für bestimmte Persönlichkeitszüge: Ich wohne in Castrop-Rauxel, lebe mit Lieschen Müller in einer Partnerschaft, übe den Beruf des Kleintierbestatters aus. All dies sind Elemente relativer Stabilität, die charakteristisch für eine Person sind, sich aber ändern können. Die relative Stabilität von Persönlichkeitszügen kann zeitlich oder sozial-räumlich zum Ausdruck kommen. Über einige Jahre hinweg (diachron betrachtet) bin ich in bestimmten Wesenseigenschaften konstant: besonders aufbrausend oder besonders gelassen, besonders zurückhaltend oder besonders extrovertiert. Neue Lebensumstände können das ändern und einer neuen relativen Stabilität zuführen. Das Gleiche gilt (synchron betrachtet) für den Wechsel zwischen verschiedenen Kontexten. Auch wenn sich mein Verhalten bei meiner Familie und meinen Fußball-Freunden unterscheidet, auch wenn ich bei meiner Partnerin anders bin als im Job, kann ich doch in jedem dieser Kontexte eine relative Stabilität aufweisen – und somit vordergründig authentisch sein.

Aus Stabilität aber folgt noch keine Authentizität. Denn was für die Person oder Sache als ganze gilt, betrifft auch einzelne Teile, Zustände oder Kontexte: Authentizität ist ein Konstrukt des Beobachters. Die geschilderte Flexibilität der relativen Stabilität heißt nur, dass unterschiedliche Beobachter in unterschiedlichen Kontexten (oder ich selbst in unterschiedlichen Kontexten) eine unterschiedliche Vorstellung davon haben, wie ich ‹authentisch› bin. Doch dies ändert nichts an der Grundeinsicht: Authentizität ist ein Konstrukt.

Authentizität als Konstrukt

Wenn die vorgeschlagene Definition sinnvoll erfasst, was die Rede vom ‹Authentischen› tatsächlich bedeutet, dann entpuppen sich diejenigen, die etwas ‹authentisch› nennen, als Konstruktivisten. Für sie zählen (auch wenn sie das Gegenteil annehmen) die Eigenschaften, die sie einer Person oder einer Sache auf der Basis bestimmter Erwartungen zunächst zuschreiben und dann entweder zu beobachten glauben (womit sie das Beobachtete ‹authentisch› nennen) oder vermissen (so dass sie es als ‹nicht authentisch› bezeichnen). Vermutlich würden die meisten, die von Authentizität sprechen, die Behauptung ihrer Nähe zum Konstruktivismus zurückweisen. Dann aber müssten sie eine Aussage sowohl über die Essenz des beobachteten Subjekts oder Objekts als auch über die Validität der von ihnen wahrgenommenen Übereinstimmung des Zeichens (z. B. der Aussage oder Handlung) mit der zugrundeliegenden Essenz treffen können.

Anders formuliert: Die Aussage «Dies ist ein authentisches italienisches Restaurant» kann in folgenden (diametral entgegengesetzten) Varianten verstanden werden. (1) essentialistisch: «Ich weiß, wie ein wahres italienisches Restaurant beschaffen ist. Dieses konkrete Restaurant weist die entsprechenden Eigenschaften auf, ich kann sie zweifelsfrei beobachten. Daher ist es authentisch.» (2) konstruktivistisch: «Ich habe eine bestimmte Vorstellung von italienischen Restaurants. In meiner Wahrnehmung entsprechen die Eigenschaften dieses konkreten italienischen Restaurants denjenigen meiner Erwartung. Aufgrund dieser Widerspruchsfreiheit bezeichne ich das fragliche Restaurant als authentisch – ohne dass ich damit irgendetwas über die tatsächlichen Eigenschaften des Restaurants gesagt habe (vielleicht ist es in Wirklichkeit ein indisches, und ich habe das falsch abgespeichert).»

Das sieht aus wie geisteswissenschaftliche Erbsenzählerei.

Doch ich hoffe, in diesem Buch die Antwort auf die Frage zu geben, warum es sich dennoch lohnt, sensibel zu werden für den Unterschied zwischen dem, was wir mit der Verwendung des Begriffs ‹authentisch› im Alltag zu sagen glauben (Variante 1), und dem, was wir damit eigentlich aussagen (Variante 2) – und warum deswegen die gegenwärtige Sehnsucht nach Authentizität problematisch ist.

Authentizitätsindikatoren und Authentizitätskonventionen

Authentizitätsindikatoren würden bedeuten, dass spezifische (intersubjektiv beobachtbare) Verhaltensweisen oder Eigenschaften auf die Authentizität der beobachteten Person oder Sache schließen lassen. Solche Indikatoren existieren im Kontext der intersubjektiven Authentizität, wenn etwa bestimmte Eigenschaften als authentisch für einen Autor oder eine Zeit angesehen werden. Wie oben ausgeführt, sind sie vergleichsweise objektiv, aber dennoch nicht überzeitlich gültig. Sie können z. B. auf der Basis neuer Erkenntnisse modifiziert werden. Im Prinzip handelt es sich bei solchen scheinbaren Authentizitätsindikatoren somit um relativ stabile Authentizitätskonventionen.

Andere Authentizitätskonventionen sind deutlich weniger stabil. Beispielsweise wird einem Buch, auf dessen Umschlag «Biographie» steht, per Konvention ein höherer Authentizitätsstatus zugeschrieben als einem Roman; das Gleiche gilt für einen Film, in dessen Vor- oder Abspann der Satz «Nach einer wahren Geschichte» eingeblendet wird. Dass die Biographie oder der Film ‹wirklich› authentisch sind, ist damit noch nicht gesagt; zumindest aber löst die per Konvention gesteuerte Rezeptionshaltung eine höhere Authentizitätserwartung aus. Neben den genannten Beispielen der Gattungsbezeichnung oder der Einordnung in eine historische ‹Wirklichkeit› gibt es in Literatur und Film (aber auch in allgemeinen Kommunikationsvorgängen) weitere Authentizitätskonventionen, von denen einige exemplarisch genannt seien:

- *Raumzeitliche Referenzen:* Einem Text höhere Authentizität zuzuschreiben, liegt nahe, wenn klare Bezugnahmen auf textexterne räumliche und zeitliche Zusammenhänge vorliegen. So nimmt ein Roman, der am 11. September 2001 in New York spielt und in dem die Terroranschläge erwähnt werden, Authentizitätskonventionen stärker in Anspruch als ein Roman in einem namenlosen Dorf zu einem nicht genannten Zeitpunkt.

- *Integration von historischen Dokumenten:* Zahlreiche Texte und Filme montieren historische Dokumente in die Erzählung, was man als Steigerung der Authentizität verstehen kann. Wenn etwa ein Foto in einer Biographie deren Protagonisten in seiner Jugend auf einem Kamel zeigt, gewinnt die biographische Schilderung einer Reise durch Marokko potentiell einen höheren Grad an Glaubwürdigkeit. Wenn historische Urkunden, Kaufbelege, Briefe präsentiert werden, tragen auch diese dazu bei, das Erzählte durch eine scheinbar objektive Perspektive zu ergänzen und somit abzusichern. Im Prinzip handelt es sich dabei um einen speziellen Fall von raumzeitlichen Referenzen, der ein besonders markantes Authentizitätspostulat darstellt, weil er den Rezipienten die Mühe abnimmt, selbst recherchieren zu müssen, ob die berichteten Fakten stimmen. Ein historisches Dokument ist auf einen Blick ‹wahr›.

- *Ich-Erzählung:* Eine Geschichte, die in der ersten Person Singular berichtet wird, mag ‹authentischer› wirken als andere Formen des Sprechens. Die Ich-Perspektive kann per Konvention den Anschein größerer Unmittelbarkeit und Aufrichtigkeit erwecken. Bestimmte Erzähltechniken – etwa der innere Monolog oder der Bewusstseinsstrom – versuchen, dies zusätzlich zu steigern, indem sie behaupten, gar keinen Filter mehr zwischen Bewusstsein der Figur und Ausgesagtem einzuschalten.

- *Selbstreflexive Elemente:* Zu einer Steigerung der empfundenen Sprechauthentizität können selbstreflexive Elemente beitragen. Wenn ein Text beispielsweise offenlegt, unter welchen Voraussetzungen er entstanden ist, welche Quellen eingeflossen sind und wo er von Gewissheiten zu Vermutungen wechselt, trägt diese Transparenz dazu bei, bei den Rezipienten Vertrauen dahingehend zu wecken, dass das Ausgesagte einen hohen Grad von Authentizität besitzt.

Doch all dies gilt mit dem Vorbehalt, dass es sich um Konventionen handelt, die keinerlei Anspruch darauf erheben können, dass mit ihnen *tatsächlich* Authentizität verbunden ist. Wie variabel die Konventionen sind und wie stark das Authentizitätsempfinden daher konkret von den einzelnen Rezipienten abhängt, illustrieren die folgenden Überlegungen dazu, dass alle genannten scheinbaren Authentizitätskonventionen auch als gerade *nicht authentisch* verstanden werden können:

- So kann beispielsweise die exakte *raumzeitliche Situierung* mit ihrer höheren Überprüfbarkeit zu größerer Skepsis bei den Rezipienten führen, ob die geschilderten Vorgänge tatsächlich so abgelaufen sein können. Spielt die Geschichte in einem namenlosen Dorf zu einem nicht genannten Zeitpunkt, hat der Leser keine andere Wahl, als dem Autor bzw. Erzähler sein Vertrauen zu schenken.

- Die *Integration historischer Dokumente* in den Text oder Film kann die Frage nach Fälschungen aufwerfen. Nicht nur Schriftstücke lassen sich fälschen, auch Fotos können bearbeitet, montiert, verändert sein. Und selbst wenn das Foto ein Original ist: Gibt es tatsächlich den Moment wieder, den die Biographie erzählt? Oder ist auf dem Foto jemand anderes zu sehen – hat das Foto vielleicht gar nichts mit der Geschichte zu tun?

- Ähnliches gilt für die *Ich-Erzählung*: Anstatt besonders direkt und unverstellt zu wirken, kann sie einen Subjektivitätsverdacht bei den Rezipienten wecken und die Frage aufwerfen, ob nicht ein Bericht in der dritten Person neutraler und damit ‹authentischer› wiedergeben würde, was ‹tatsächlich› geschehen ist.

- Die *selbstreflexiven Elemente* schließlich laufen potentiell Gefahr, künstlich zu wirken und damit die unterstellte Authentizität des Textes zu reduzieren. Ein Text, der offensiv über seine Voraussetzungen nachdenkt, kann konstruiert scheinen.

Die Gegenüberstellung der Authentizitätskonventionen und ihrer Widerlegung illustriert, dass Authentizität am beobachteten Subjekt oder Objekt nicht festzumachen ist. Überzeitlich gültige Authentizitätsindikatoren gibt es nicht, weil die Zuschreibung von Authentizität als Zusammenspiel von Erwartung und Beobachtung funktioniert. Stattdessen gibt es Authentizitätskonventionen, die eine relative Stabilität aufweisen und Rezeptionserwartungen lenken. Ähnlich wie der Leser eines fiktionalen Textes mit dem Text einen ‹Fiktionsvertrag› schließt, also dem Text ‹glaubt›, dass Gretchen die Geliebte von Faust oder Edward Cullen ein Vampir ist, schließt der Leser eines Textes, der sich einiger Authentizitätskonventionen bedient, eine Art Authentizitätsvertrag mit dem Text, indem er ihm glaubt, dass die konventionell für authentisch gehaltenen Elemente *tatsächlich* authentisch sind.

Was verbindet Juristen und Walfänger?

Das Reichsgericht: Im Juni 1920 hatte es einen Fall zu entscheiden, der in die Rechtsgeschichte eingegangen ist. Keine Zivilrechtsvorlesung im ersten Semester kommt ohne ihn aus. Es ging um die Unterscheidung von Haifischfleisch und Walfischfleisch, an der sich verschiedene der besprochenen Aspekte – im Sinne einer ersten Zusammenfassung – illustrieren lassen.

Kläger und Beklagter hatten den Verkauf von 214 Fässern *Haakjöringsköd* aus Norwegen vereinbart, in der beiderseitig geteilten Annahme, es handle sich dabei um Walfischfleisch. Wie aber Walfänger, Norweger und (seit 1920) Juristen wissen, ist *Haakjöringsköd* Haifischfleisch – und selbiges wurde auch geliefert. Was das Reichsgericht sodann (aufgrund von Problemen bei der Einfuhr nach Deutschland) zu entscheiden hatte, war: Wenn beide Parteien dasselbe meinen (Walfischfleisch) und beide es übereinstimmend falsch bezeichnen (Haifischfleisch) – ist dann ein Kaufvertrag über Wal, über Hai oder über gar nichts zustande gekommen?

Das Reichsgericht argumentierte konstruktivistisch: *Falsa demonstratio non nocet*, sprachen die Richter, eine Falschbezeichnung schadet nicht. Wie ihr das Zeug in eurem Norwegisch-Kauderwelsch nennt, ist irrelevant – es geht alleine darum, dass Wal gemeint und gewünscht war. Weil der Verkäufer Hai statt Wal geliefert hatte, verlor er den Rechtsstreit. Was bedeutet das für die Frage nach Authentizität?

Kläger und Beklagter bilden in dem Fall eine idiosynkratische Konstellation, die sich einig ist, dass ‹authentisches› *Haakjöringsköd* das Wesen ‹Walfischfleisch› hat. Über die tatsächlich gelieferten Fässer (mit Haifischfleisch) würden sie sagen, das sei kein ‹authentisches› *Haakjöringsköd*, und würden damit – zu Recht – meinen: es sei kein richtiger Wal. Woraufhin alle anderen Beteiligten – ebenfalls zu Recht – einwenden würden: Natürlich, denn es ist ja Hai. Was das Beispiel illustriert, ist die problematische subjektive Komponente der Authentizitätszuschreibung: Sofern keine intersubjektiven Kriterien für die Zuschreibung des Prädikats ‹authentisch› zu einem bestimmten Menschen oder Objekt vorhanden sind, landet, wer sich auf Authentizität beruft, in Teufels Küche. Denn warum sollte eine dritte Partei unter ‹authentischem› *Haakjöringsköd* nicht Heringsfleisch verstehen? Oder – onomatopoetisch gedacht – Heringskot?

Man könnte einwenden, es handle sich bei diesen Überlegungen nur um nominalistische Spielchen. Doch erstens war in diese Spielchen immerhin das höchste Gericht in Deutschland involviert; es ging um viel Geld. Und zweitens: Was ist, wenn es nicht um ein niedliches norwegisches Wort geht, das keiner aussprechen kann, sondern zum Beispiel um die Frage, was authentisch ‹deutsch› sei? Oder – damit verbunden – eine ‹deutsche Leitkultur›? Ähnlich aporetisch lässt sich diskutieren, was authentisch ‹männlich› oder ‹weiblich› sei.

Fazit: Wann immer ein Individuum oder eine Gruppe zu wissen glaubt, auf welche Eigenschaft eine bestimmte Beobachtung ‹authentisch› verweise, worum es sich bei einer bestimmten Sache handle oder woran die Zugehörigkeit zu einer bestimmten Kategorie festzumachen sei, ist Vorsicht geboten. Die Definition von Authentizität als Übereinstimmung der Beobachtung eines Beobachters mit seiner Erwartung vermeidet dies.

WAHRE GESCHICHTEN?
AUTHENTIZITÄT IN LITERATUR
UND KULTUR

«Wenn das alles ein Spiel ist, sind wir verloren. Wenn nicht – erst recht.»[1] Was die Protagonisten in Juli Zehs Roman *Spieltrieb* (2004) zueinander sagen, bringt den Umbruch auf den Punkt, der in Literatur und Kultur um das Jahr 2000 stattfindet. Das ‹Spiel› als zentrales Konzept postmodernen Denkens führt zur Katastrophe für die Protagonisten. Doch wenn kein Spiel mehr ist, sondern nur noch ‹Realität›, bleibt die Katastrophe nicht aus, sie schlägt möglicherweise mit noch größerer Gewalt zu. Postmoderne Texte stellen Widersprüchlichkeiten und Unschärfen explizit aus und richten sich damit an ein Publikum, das Ambiguität schätzt. Die Gegenwart dagegen zeichnet sich – wie nun für den literarischen und kulturellen Kontext zu zeigen ist – durch die Sehnsucht nach Authentizität aus.

Dies gilt nicht nur für Literatur und Kultur selbst, sondern auch für eine entsprechend angepasste ‹Interpretationskultur›. Darunter verstehe ich den Diskurshorizont, in dem Werke faktisch rezipiert werden – und den sie bei ihrer Entstehung (zumindest in einem gewissen Rahmen) voraussetzen können. Zu diesem Diskurshorizont zählen beispielsweise literaturtheoretische Ansätze, Rezensionen oder Debatten in Feuilleton, Fernsehen und Internet. Der Blick auf Werk *und* Wahrnehmung ist entscheidend, weil nur in dieser Doppelperspektive von Authentizität zu sprechen ist; schließlich handelt es sich dabei um ein Zusammenspiel aus Erwartung und Beobachtung.

Helmut Lethen ging noch vor zwei Jahrzehnten davon aus,

dass das breite Publikum «die Möglichkeit von Authentizität eher skeptisch einschätzt».[2] Dies hat sich radikal gewandelt. In der Kulturtheorie etwa dominieren prä-hermeneutische und kognitionspsychologische Methoden sowie ein starkes Interesse an Materialität, was jeweils – auf unterschiedliche Weise – mit Authentizität verbunden ist. Auch für die breite Rezeption müsste man Lethens These im Jahr 2020 umgekehrt formulieren: Das Publikum erwartet Authentizität von Literatur und Kultur – und missbilligt Abweichungen. Wie lässt sich das konkret in der Interpretationskultur beobachten?

Zunächst kann man von einer ‹Rückkehr zum Subjekt› sprechen. In der Postmoderne hatte sich ein kritischer Umgang mit dem Konzept des Subjekts etabliert. Gemeinsam mit dem Trend der Authentizität kehrt das Subjekt nun aber in dem Maße zurück, wie Texte sich über die Biographie ihrer Autoren verifizieren. Dies gilt in Teilen bereits für die Popliteratur und verstärkt sich in der Gegenwartsliteratur noch, wenn die Biographie des erzählenden Subjekts die Geschichte trägt. In dieser Weise autobiographisch sind nahezu alle hier zu besprechenden Texte, etwa Karl Ove Knausgårds *Min kamp*, Édouard Louis' *Das Ende von Eddy* oder Thomas Melles *Die Welt im Rücken*.

Die Postmoderne hatte sich darüber hinaus – wie erwähnt – als Zeit nach dem Ende der ‹großen Erzählungen› verstanden, also nach dem Verzicht auf metaphysische (oder quasi-metaphysische) Leitideen wie das Christentum oder die Befreiung der Arbeiterklasse. Pluralität war an die Stelle einer verbindenden Vorstellung vom ‹richtigen› Leben getreten. Diese Selbstbeschreibung der Postmoderne als Zeit nach den großen Erzählungen wird durch die aktuellen Entwicklungen in Literatur und Kultur ebenfalls infrage gestellt. In der Gegenwart stellt die Leitidee der Authentizität zweifellos eine ‹große Erzählung› dar, entlang der sich die Gesellschaft nicht nur in Literatur und Kultur, sondern auch in politischer und sozialer Hinsicht umfassend beschreiben lässt.

Die Leitidee ‹Authentizität› unterscheidet sich von den modernen und vormodernen großen Erzählungen freilich in einem entscheidenden Punkt, der bereits diskutiert wurde: Die Sehnsucht nach Authentizität ist eine Meta-Idee. Bei ihr handelt es sich nicht um konkrete Vorstellungen, was richtig oder falsch respektive zu tun oder zu lassen sei. Stattdessen befördert sie abstrakt ein Konzept von Stimmigkeit zwischen äußerer Erscheinung und zugrundeliegendem Wesenskern (oder intendierter Wahrhaftigkeit).

Die authentizitätsaffine Interpretationskultur zeichnet sich daher in zahlreichen gesellschaftlichen Bereichen durch den Wunsch nach einer Übereinstimmung von Schein und Sein aus. So werden Kunstwerke höher geschätzt, wenn sie einen ‹wahren Kern› abzubilden behaupten, als wenn sie ein unverbindliches Spiel präsentieren, in dem jeder Gedanke an Wahrheit als Illusion zurückgewiesen wird. Einige Beispiele sollen dies aus unterschiedlichen Perspektiven beleuchten.

Wie jammert ein Mann?

In sechs Bänden. Den wohl weitreichendsten Versuch radikal ‹authentischer› Literatur seit Jean-Jacques Rousseau machte ab 2009 der Norweger Karl Ove Knausgård mit seinem monumentalen Werk *Min kamp (Mein Kampf)*, das in Deutschland schon seines Titels wegen hohe Wellen schlug.[3] Anders als man denken könnte, handelt es sich aber nicht um einen Roman zum Nationalsozialismus oder gar ein politisches Traktat, sondern um einen autobiographischen Text (oder die Fiktion eines solchen), der den Titel des Hitler-Pamphlets für eine Beschreibung des Alltagskampfes eines mittelalten Mannes (und jungen Vaters) verwendet.

Ist das authentisch? Vielleicht. Wie bei jeder Form von Literatur (und natürlich auch bei jeder Biographie) lässt sich rein anhand des Textes nicht überprüfen, ob der Autor das, was er aus seinem Leben zu berichten behauptet, ‹wirklich› erlebt hat. Es könnte wahr oder eine Lüge sein, einen Anhaltspunkt zur Beurteilung gibt es in aller Regel nicht. Nun könnte man vorschlagen, den Autor zu befragen (sofern dieser noch am Leben ist). Doch das verschiebt das Problem – wie das Beispiel Christian Krachts zeigen wird – nur auf eine höhere Ebene: Ist das, was der Autor (etwa im Interview) *über* seinen Text sagt, glaubwürdiger als das, was er *in* seinem Text sagt? Für diese Annahme kann man das Argument vorbringen, dass alle Äußerungen bestimmten Wahrheitsbedingungen unterliegen. Ist ein Text – beispielsweise auf dem Titelblatt – als «Roman» ausgewiesen, suggeriert dies einen geringeren Wahrheitsanspruch als eine Biographie oder ein Zeitungsinterview.

Nun ist aber das Spannende an Knausgård, dass er dezidiert keinen Roman verfasst hat, sondern eine Art Tatsachenbericht über sein Leben. Er selbst legt dies im ersten Band von *Min kamp* fest: «Heute ist der 27. Februar 2008. Es ist 23.43. Ich, der ich dies schreibe, Karl Ove Knausgård, wurde im Dezember 1968 geboren und bin folglich im Augenblick der Niederschrift 39 Jahre alt. Ich habe drei Kinder, Vanja, Heidi und John, und bin in zweiter Ehe mit Linda Boström Knausgård verheiratet.»[4] Knausgård spricht in seinem Text also mit demselben Wahrheitsanspruch, mit dem er sich in einem Interview äußern würde.

Da auf diese Weise die Hierarchisierung der Wahrheitsebenen wegfällt, gilt für das Werk wie für jedes Interview, dass Knausgård möglicherweise sagt, wie es ‹wirklich› war, möglicherweise aber auch nicht. Und selbst wenn er Ersteres versuchte – würde es ihm gelingen? Vielleicht ist die Erinnerung an frühere Erlebnisse verblasst, vielleicht meint er aufrichtig, authentisch zu erzählen, und doch spielt ihm sein Gedächtnis einen Streich. Zahlreiche psychologische Studien belegen, dass nicht weniges konstruiert ist, was wir als Teil der eigenen Biographie zu erinnern glauben, sei es, weil wir uns selbst betrügen, sei es, weil wir fremde Erinnerungen so oft gehört haben, dass wir sie für unsere eigenen halten.[5]

Ob Knausgård in *Min kamp* also authentisch aus seinem Leben erzählt, lässt sich mit ‹ja› oder ‹nein› nicht beantworten. Klar ist hingegen, dass er mit dem Leser einen ‹Authentizitätspakt› schließt. Indem Knausgård beispielsweise ‹unverstellt› die Wirkung schildert, die sein eigener Text auf ihn ausübt, suggeriert er dessen absolute Aufrichtigkeit: «Zum ersten Mal verstanden, dass mein Text wirklich gut war und ich nicht nur hoffte, dass er gut war oder so tat, als wäre er es, hatte ich, als ich eine Passage über Vater schrieb und dabei in Tränen ausbrach.»[6] Die Tränen des Autors als unkontrollierbare physische Reaktion bei der Lektüre des eigenen Textes behaupten maximale Authentizität, wie es das untenstehende Kapitel zu ‹authentischen Körperflüssigkeiten› illustriert. Hier – und an vergleichbaren Stellen – betont Knausgård, dass er dem Leser nichts vorgaukle, sondern die Wahrheit und nichts als die Wahrheit sage.

Er unterstreicht diesen Authentizitätspakt zusätzlich dadurch, dass er seiner Aufrichtigkeit eine historische Entwicklung zuschreibt. Eigentlich sei er nämlich vom Typ her angepasst (und damit unaufrichtig): «Ich sage nie, was ich wirklich denke, nie, was ich wirklich meine, sondern passe mich unweigerlich meinem jeweiligen Gesprächspartner an [...].»[7] Indem er sein Romanprojekt aber als gegenteiligen Versuch zu dieser persönlichen Neigung anlegt, als Behauptung absoluter Offenheit, betont Knausgård den Authentizitätsanspruch des Textes zusätzlich.

Der in der Literaturwissenschaft gängige Begriff des ‹Fiktionsvertrags› besagt – wie schon kurz angedeutet –, dass der Leser dem fiktionalen Text bestimmte Setzungen abnehmen muss, damit er dessen Logik folgen und ihn adäquat rezipieren kann. Solche Setzungen sind beispielsweise, dass Rollo der Hund von Effi Briest ist oder dass man in Hogwarts auf Besen Quidditch spielt. Lässt sich der Leser des Textes auf solche

Setzungen nicht ein, wird die Lektüre eine trotzige Serie von ‹Glaub-ich-nicht›-Momenten. Der Fiktionsvertrag führt zu der erforderlichen *willing suspension of disbelief*,[8] die dem Text interne Kohärenz verleiht.

Knausgård aber bietet seinen Lesern keinen Fiktionsvertrag an, sondern eben einen Authentizitätspakt. Er schließt mit ihnen einen Vertrag darüber, ihm zu vertrauen, dass sich alles wirklich so abgespielt hat, wie er es berichtet. Anders als der Fiktionsvertrag ist der Authentizitätspakt für die interne Kohärenz des Textes irrelevant. Ein guter Text funktioniert unabhängig davon, ob er authentisch ist; ein schlechter Text ist immer ein schlechter Text, auch wenn er authentisch ist.

Der Authentizitätspakt hat daher nichts mit dem Gelingen des Textes zu tun, sondern befriedigt die voyeuristische Neugierde der Leser. Wer endlich einmal bestätigt bekommen möchte, dass andere Eltern auch am Trotzverhalten ihrer Kinder verzweifeln, dass Männer durchaus weinen (wenn keiner hinsieht) oder dass man es immer irgendwie rechtfertigen kann, die eine Frau für die andere zu verlassen – der liest Knausgård. Das Interesse der Leser kann sich hierbei nicht auf die gute Geschichte beziehen – denn diese funktioniert, wie gesagt, über einen Fiktionsvertrag, nicht über einen Authentizitätspakt. Die Selbstbestätigung hingegen, dass Kinder, Tränen und zweite Ehen gar nicht so schlimm sind, kann nur ein Text gewährleisten, der dem Wahrheitspostulat der Authentizität folgt.

Wie jammert also ein Mann? Wie Karl Ove Knausgård – und das, scheinen seine Leser zu meinen, ist befreiend und gut so.

Bin ich gar nicht der Typ, den jeder in mir sieht?

Nein, «eigentlich bin ich ganz anders, ich komm' nur viel zu selten dazu», singt Panikrocker Udo Lindenberg. Und enthüllt: «Ich hab' so viel' Termine, in der Disco, vor Gericht und bei der Bank, da schick' ich einfach meine Vize-Egos, und das

wahre Ich bleibt lieber im Schrank.» Von Authentizität keine
Spur – oder?

Udo Lindenbergs Album *Stark wie Zwei,* aus dessen Song
Ganz anders diese Zeilen stammen, wurde 2008 als großes
Comeback gefeiert. Im Vordergrund stand die allgemein ge-
teilte Wahrnehmung, dass die Songs aus Lindenbergs Biographie zu erklären seien: «In Sachen Authentizität [...] muss erst
mal jemand gefunden werden, der es mit Udo Lindenberg auf-
nehmen kann» *(Tagesspiegel),* «seine Storys [...] machen das
Gesamtkunstwerk Lindenberg nur noch authentischer» *(Der
Stern),* er lote «die Kurven der eigenen Biografie» aus *(Der
Spiegel).*[9] Lindenberg kann in *Ganz anders* noch so sehr das
Gegenteil behaupten – er wird als authentisch wahrgenommen. Offensichtlich ist gerade das ‹Eingeständnis›, nicht authentisch zu sein, in den Ohren vieler Hörerinnen und Hörer
wieder ziemlich authentisch.

Lindenberg selbst (oder zumindest sein singendes Ich) teilt
diese Annahme, auch wenn das Ich im Schrank ebenso im
Dunkeln verborgen ist wie die meisten ‹authentischen› We-
senskerne. Sein Album konnte wohl auch deswegen ein solcher Erfolg werden, weil es passgenau auf die Authentizitätssehnsucht zugeschrieben ist, die in den Rezensionen zum
Ausdruck kommt. Wer Udo einmal ‹ganz privat› erleben
wollte, musste sich nun nicht länger in der Lobby des Hotel
Atlantic auf die Lauer legen, sondern konnte sich den Weg
von der «Wiese vor'm Hotel Kempinski» in dessen Präsiden-
tensuite auch zu Hause von der eigenen Stereoanlage erzählen
lassen. Udos Erfolg, so lernte man, beruhte darauf, «mein
Ding» zu machen, und: «später spricht dann Wilhelm Wie-
ben: ‹Er ist sich immer treu geblieben›».

Wem dieser musikalische Einblick hinter die Fassade des
Sonderlokführers noch nicht reichte, der konnte ab 2016 das
literarische Pendant zu Lindenbergs Album kaufen: Benjamin
von Stuckrad-Barres Roman *Panikherz.* Stuckrad-Barre schildert darin seine Freundschaft mit Lindenberg und avanciert

zu einer Beglaubigungsinstanz von Lindenbergs Authentizität: Dessen Texte seien «die locker dahingesagte reine Wahrheit». Nur an einer Stelle, im eben zitierten Song *Mein Ding*,
sind sie – wie Stuckrad-Barre halb ironisch, halb stolz schreibt –
nicht Lindenbergs, sondern Stuckrad-Barres Wahrheit, wenn
dieser seine poetische Urheberschaft an einer ‹Lindenberg›-
Zeile offenlegt: «Und dann bist du dir immer treu geblieben,
und ‹Roomservice› wird mit ‹u› und ‹h› geschrieben.»

Was Stuckrad-Barre für Lindenberg diagnostiziert, schreibt
er auch sich selbst zu. Die Authentizität des Erlebten wird
schon im Klappentext zum Qualitäts- und Autoritätskriterium
erhoben. Neben einem ganzseitigen Foto des Autors heißt es
dort: «Stuckrad-Barre erzählt mit seiner eigenen Geschichte
zugleich die Geschichte der Popkultur der letzten 20 Jahre.
‹Panikherz› ist eine Reise in die Nacht, eine Suche nach Wahrheit, eine Rückkehr aus dem Nebel.» Die Sätze verdeutlichen,
welche ästhetisch-kompositorischen Prinzipien der Roman
behauptet: Es geht um eine Autobiographie, die exemplarisch
für die literarische und popkulturelle Generation des Autors
steht. Dass Stuckrad-Barre selbst dabei gewesen ist und mit
Udo Lindenberg eine zentrale popkulturelle Figur freund-
schaftlich begleitet hat, bedingt seine Autorität, das Buch zu
schreiben – eine Autorität, die, passend zum Authentizitätspostulat, am Ende sowohl bei der biographischen als auch bei
der historischen Wahrheit einer ganzen Generation anzukom-
men behauptet.

Wie werde ich schwul?

Gar nicht. Ich bin es – oder ich bin es nicht. So, in äußerster
Kürze, das Fazit von Édouard Louis' 2014 erschienenem
Coming-of-Age-and-out-Roman *Das Ende von Eddy (En finir
avec Eddy Bellegueule)*. Das Buch («Roman» steht auf dem Cover, ist aber als Gattungsbezeichnung – wie für Knausgård –

nur begrenzt zutreffend) berichtet von Kindheit und Jugend des Autors. Diese ist geprägt von dem Unverständnis, das die ländliche Picardie dem homosexuellen Eddy entgegenbringt. Seine Familie schafft es zwischen Alkohol und Geldmangel nur mit Mühe, den Alltag zu meistern – da kommt ein Kind, dem schon in der Grundschule das Wort «Schwuchtel» nachgerufen wird, denkbar ungelegen. Warum kann der Junge nicht einfach – wie sein Bruder, seine Cousins und Freunde – den Mädchen auf die prachtvollen Titten starren?

Weil er schwul ist. Daran können keine soziale Herkunft, kein tadelndes Wort der Eltern, kein Verkupplungsversuch der Freundin, keine verzweifelte Selbsttäuschung etwas ändern. Das Ziel des Buches ist von Anfang an klar: Aus dem Möchtegern-Provinzmacho wird der distinguierte Homosexuelle, der in der Stadt aufs musische Gymnasium geht; aus dem Unterschichten-Eddy wird der bürgerliche Édouard. Mit dem Titel eines Coming-of-Age-and-out-Films gesprochen: *Call me by my (real) name.*

Das gesamte Buch schildert den (weiten und steinigen) Weg, den ein junger Mensch zurücklegt, um bei seinem ‹wahren Ich› anzukommen. Zuletzt aber gibt es ein Happy End: «Jemand kommt, | Tristan. | Er spricht mich an | *Na Eddy, immer noch so schwul?* | Die anderen lachen. | Ich auch.»[10] Hier, im Kreis der Freunde auf dem Gymnasium, kann Eddy er selbst sein, authentisch schwul sein. Hier wird er nicht mehr ausgelacht, sondern in die neue Gruppe von Freunden ‹hineingelacht›. Mit der Entwicklung von Ausgrenzung zu Einbindung setzt das Buch als Prämisse, dass es einen klaren Weg von der Verstellung zur Eindeutigkeit, vom Versteckspiel zur Offenheit gibt.

Im speziellen subjektiven Fall – darüber von außen zu urteilen wäre mehr als anmaßend – mag dies so gewesen sein. Auch hier liegt ja wie bei Knausgård, Melle und anderen ein Text vor, der Autor und Hauptfigur in autobiographischer Manier gleichsetzt. Gerade dies wurde in Rezensionen besonders gefeiert. So schrieb der *Spiegel*: «Diese Geschichte […] ist schrecklich. Und grausam. Weil man weiß, dass sie autobiografisch ist, dass die Leiden des heranwachsenden Eddy authentisch sind, ist sie umso schwerer zu ertragen.»[11] Doch es gibt einen entscheidenden Unterschied zwischen den «Leiden des jungen Eddy» und den implizit angedeuteten «Leiden des jungen Werthers». Auch bei Goethe bildet eine biographische Gegebenheit (die unglückliche Liebe des Autors zu Charlotte Buff) den Ausgangspunkt der Romanhandlung. Sie wird jedoch in hohem Maße fiktional überformt und damit von einem individuellen Lebensweg zu einer Geschichte verändert, die stellvertretenden Anspruch erhebt.

Eine ähnliche Generalisierung beansprucht auch *Das Ende von Eddy* durch seine Gattungsbezeichnung ‹Roman›. Und es ist keineswegs ausgeschlossen, dass *Das Ende von Eddy* in hohem Maße fiktional überformt ist. Doch die Rezeption des ‹Romans› geht in die entgegengesetzte Richtung: Was daran begeistert aufgenommen wird, ist – wie zitiert – gerade nicht die abstrahierende literarische Distanz, sondern die unmittelbare Nähe, der unverstellte «soziologische Blick»,[12] wie die *ZEIT* es ausdrückte. Was also das Interesse der Rezipienten weckt, ist wiederum nicht, eine gute Geschichte erzählt zu bekommen, sondern, endlich einmal zu erfahren, wie es wirklich ist, in der Provinz als Schwuler aufzuwachsen.

Das ist durchaus nachzuvollziehen, befeuert der Text doch kontinuierlich diese Rezeptionshaltung. Im Prinzip geht es auf gut 200 Seiten darum, endlich dem ‹authentischen› Ich des Protagonisten die Akteursgewalt über die Umwelt zu übertragen. Dies äußert sich in Sätzen wie diesen: «Meine Eltern […] sagten *Reg dich ab, muss das sein, dieses tuntige Gefuchtel*. Sie dachten, es sei meine Entscheidung, dass ich mich so benahm […]. Dabei war mir selbst ebenso wenig klar, warum ich so war. Dieses Gehabe war stärker als ich, und ebenso wenig konnte ich für meine schrille Stimme. Auch meine Art zu gehen war nicht selbst gewählt, der ausgeprägte, viel zu stark ausgeprägte Hüftschwung […].»[13] Hier bricht in den angeblich ‹schwulen› Ausdrucksformen («Gefuchtel», «Gehabe», «schrille Stimme», «Hüftschwung») angeblich ‹authentisch› ein zugrundeliegendes Sein durch, das den ‹wahren Wesenskern› Eddys darstellt und gegen das sowohl seine Umwelt als auch er selbst machtlos sind. Jeder Versuch, sich dagegen zu stellen, sich zu verstellen, ist ‹unauthentisch› und somit zum Scheitern verurteilt.

So sehr die Schilderung im individuellen Fall zutreffen mag – so wenig ist sie jedoch zur Generalisierung homosexueller Erfahrungen oder gar einer ‹homosexuellen Identität› geeignet. Im Gegenteil: Indem sie die plattesten Stereotype als Merkmale scheinbar authentischer Homosexualität darstellt, tut sie der Mehrzahl der Homosexuellen keinen Gefallen. Gut gemeint ist – in diesem Fall – nicht gut gesagt. Nimmt man – wie es die Gattungsbezeichnung nahelegt – den Text nicht nur als hochpersönliche Entwicklungsgeschichte, sondern als Roman mit einem (und sei es marginalen) generellen Anspruch, lautet die Folgerung: Echte Schwule zeichnen sich durch Gefuchtel, Gehabe, schrille Stimmen und Hüftschwung aus. Um endlich sie selbst sein zu dürfen, wollen sie diesen (ihnen allen gemeinen) Wesenskern authentisch zum Ausdruck bringen. Entsprechend kulminiert die Selbsterkenntnis im passiven Analverkehr: «Ich spürte sein heißes Glied an meinem Hintern, dann in mir. Er gab mir Anweisungen [...]. Ich folgte jedem seiner Befehle in dem Bewusstsein, endlich zu verwirklichen und zu werden, was ich war.»[14] Auch hier eine Aneinanderreihung von Stereotypen über Homosexualität (‹passiv›, ‹befehlshörig›), die in der Summe zum angeblich ‹wahren Ich› führen.

Édouard Louis' *Das Ende von Eddy* propagiert auf diese Weise ein essentialistisches Bild von Homosexualität. Diese bricht sich auch unter widrigsten Umständen ihre Bahn, weil sie den ‹wahren Kern› des Individuums ausmacht, der sich nicht unterdrücken lässt – einen Kern, auf den man anhand von bestimmten (quasi unwillkürlich ‹authentischen›) Ausdrucksformen Rückschlüsse ziehen kann. Dass aber nicht wenige Menschen, die sich durchaus als homosexuell verstehen (und damit im Reinen sind), in ihrem Leben ohne Gefuchtel, Gehabe, schrille Stimme, Hüftschwung und Unterwürfigkeit auskommen, ist in Louis' Essenz des Homosexuellen nicht vorgesehen. Selbstverständlich ist es jedem Menschen unbenommen, seine Sexualität in der Weise zu leben, wie er es für richtig hält (in den Grenzen der Freiheit anderer Menschen). Doch indem *Das Ende von Eddy* ein extrem stereotypes Bild von Homosexualität entwirft und dazu die Begriffe der Authentizität und der Identität normativ wendet, läuft es der eigentlich ersehnten sexuellen Selbstbestimmung und Freiheit zuwider.

Wie war es wirklich?

Besonders charakteristisch für den Wandel von postmoderner Vieldeutigkeit zu ‹authentischer› Eindeutigkeit ist der historische Roman. Das historische Erzählen hat in der Literatur der vergangenen Jahrzehnte einen gewaltigen Boom erlebt. In der zweiten Hälfte des 20. Jahrhunderts konnte es sich – vor dem Hintergrund poststrukturalistischer Theorie-Debatten – als *die* Gattung postmoderner Literatur etablieren: Die spielerischen Elemente der ästhetischen Postmoderne, die Theorie-Impulse des Poststrukturalismus und der unbefangene Zugriff auf die Vergangenheit, den eine Gegenwart der Simultaneitäten[15] ermöglicht, verbanden sich im historischen Roman zu einer neuen Einheit.[16] Mit Ironie oder Brechungen wird von der Vergangenheit erzählt: im Modus der Distanz. Einschlägige Werke in diesem Kontext sind Umberto Ecos *Der Name der Rose* (1980), Christoph Ransmayrs *Die letzte Welt* (1988) oder Helmut Kraussers *Melodien* (1993).

Während sich das Interesse dieser Romane auf fernere Vergangenheiten (Antike, Mittelalter, Renaissance) richtete, wurden in den Folgejahren verstärkt die Ereignisse der nationalsozialistischen Diktatur literarisch thematisiert. Dazu wurden Techniken des gebrochenen Zugriffs auf die Vergangenheit aus der Postmoderne übernommen: Beispielsweise lässt sich eine Konjunktur von Erinnerungsromanen mit unzuverlässigem Erzähler konstatieren, zu denen etwa Marcel Beyers *Flughunde* (1995) oder Bernhard Schlinks *Der Vorleser* (1995) gehören. In Teilen zielen schon diese Texte auf ein ‹authentisches› Erzählen ab, basierend auf einem Wunsch nach Orientierung, wie sie die distanziert-ironische Literatur der Postmoderne nicht bietet.

Noch stärker in diese Richtung gehen Erinnerungsromane nach dem Jahr 2000, die sich mit den letzten Jahren der DDR, der Wende und den frühen Jahren des vereinten Deutschland auseinandersetzen, etwa Uwe Tellkamps *Der Turm* (2008) oder Eugen Ruges *In Zeiten des abnehmenden Lichts* (2011). In diesen Werken gewinnt das historische Erzählen durch die Konzentration auf scheinbare Authentizität neues Gewicht. Die Romane eröffnen einen identifikatorischen Umgang mit der Geschichte.

Vor allen historischen Romanen der vergangenen Jahre avancierte Daniel Kehlmanns *Die Vermessung der Welt* (2005) mit über sechs Millionen verkauften Exemplaren weltweit, Übersetzungen in zahlreiche Sprachen und einer Verfilmung zu einem gewaltigen Erfolg, wie ihn in der deutschen Literatur zuletzt Patrick Süskinds *Das Parfum* (1985) – ebenfalls ein historischer Roman – erlebt hatte. Kehlmanns ‹Doppelbiographie› über Carl Friedrich Gauß und Alexander von Humboldt unterscheidet sich von Süskinds Roman jedoch in einer entscheidenden Hinsicht: Während im *Parfum* der Protagonist Grenouille eine fiktive Figur ist, widmet sich die *Vermessung der Welt* gleich zwei realen Geistesgrößen des frühen 19. Jahrhunderts.

Entsprechend rasch wurde die Frage nach der Authentizität des Romans thematisiert. Stimmen Kehlmanns Figuren Gauß und Humboldt – und der Rest der Handlung – mit den historischen Gegebenheiten überein? Zeigt der Roman, wie es wirklich war, Südamerika zu bereisen oder die *Disquisitiones Arithmeticae* zu schreiben? Nein, lautet die klare Antwort der Forschung.[17] Der Text selbst ist so freundlich, darauf hinzuweisen – indem auf dem Titel «Roman» steht. Wer ihn also als Ersatz für eine historiographische Abhandlung versteht, geht in die Irre. Doch warum das Bedürfnis, Kehlmann dennoch Ungenauigkeiten, Abweichungen, Fehler nachzuweisen? Mit dem Wunsch eines jeden Wissenschaftlers, auch einmal sechs Millionen (statt 300) Bücher zu verkaufen, ist das sicher unzureichend erklärt.

Offensichtlich stehen sich auf Seiten der Leserschaft zwei Bedürfnisse gegenüber: Die einen möchten eine gute Geschichte erzählt bekommen und werden von der *Vermessung der Welt* für ihre Lesemühe reich entlohnt. Die anderen möchten wissen, wie es wirklich war, und sind auch nach mehreren Stunden Lektüre kein bisschen schlauer hinsichtlich der Frage, ob Gauß nun tatsächlich in seiner Hochzeitsnacht mathematische Formeln notiert oder Humboldt die Besteigung des Chimborazo erfunden hat. Eine dissidente Untergruppe der zweiten sind diejenigen Wissenschaftler und Rezensenten, die wissen (oder zu wissen glauben), wie es wirklich war, und die Abweichungen dann als eifrige Fälschungsjäger tabellarisch einsargen.

Zur Frage historischer Authentizität hält der Text eine ebenso schlichte wie geniale Antwort bereit: Alle Dialoge sind in indirekter Rede wiedergegeben. Auf diese Weise signalisiert der Roman, dass er keinesfalls den Anspruch hat zu zeigen, wie es wirklich war, sondern die unvermeidliche Unschärfe historischen Erzählens (die übrigens, wie Hayden White gezeigt hat,[18] auch die Historiographie als Wissenschaft prägt) kalkuliert einbezieht. Was Kehlmann bietet, ist nicht *absolute* (historische), sondern *relative* (fiktionale) Wahrheit.

Ändert man die Perspektive entsprechend und fragt nach der literarischen Funktion der genannten Stellen, stößt man auf ganz andere (und viel interessantere) Antworten, als wenn man nach der historischen Wahrheit sucht: Gauß *muss* in seiner Hochzeitsnacht die Mathematik wichtiger nehmen als die körperlichen Freuden, weil Kehlmann am Beispiel Gauß ein Klassiker-Ideal parodiert, das die Sehnsucht nach Genialität mit der Unterstellung von Lebensunfähigkeit paart. Humboldt *muss* auf dem Chimborazo halluzinieren, um auf die Unschärfen von Messung und historischer Überlieferung aufmerksam zu machen. Beides ist für die Logik des Romans unverzichtbar – auch wenn wir niemals wissen werden, was Gauß in seiner Hochzeitsnacht und Humboldt auf dem Chimborazo wirklich erlebt haben. Für diese Einbuße an historischer Wahrheit werden wir mit fiktionaler ‹Wahrheit› mehr als reich entlohnt: Kehlmann erzählt uns eine grandiose Geschichte.

Würde ich der SS beitreten?

Auf diese Frage gibt es keine vernünftige Antwort, weil Geschichte sich – zum Glück – nicht wiederholt. Es gibt jedoch für jeden Leser und jede Kinogängerin die Möglichkeit, anhand eines fiktionalen Experiments einige denkbare Antworten auf die Frage durchzuspielen. Die besten, weil kontroversesten Angebote der letzten Jahre stammen von Jonathan Littell und Quentin Tarantino und heißen *Die Wohlgesinnten* (*Les Bienveillantes*, 2006) und *Inglourious Basterds* (2009). Für die Frage nach Authentizität sind sie von Interesse, weil sie – wie Kehlmann – eine Darstellung der Vergangenheit bieten, die nicht die historische Authentizität in den Vordergrund rückt, sondern den fiktionalen Plot. Im Vergleich zu Kehlmann aber ist der historische Hintergrund, dem sie sich zuwenden, sehr viel problematischer: die NS-Zeit.

Mit den *Wohlgesinnten* hat Littell einen Roman vorgelegt, der aus der Ich-Perspektive des SS-Offiziers Max Aue zentrale

Ereignisse der nationalsozialistischen Diktatur erzählt. Littell leuchtet mit seinem fiktionalen Experiment die Psychologie eines SS-Verbrechers von innen aus. Zum Authentizitätsempfinden beim Publikum mag zusätzlich beitragen, dass Aue seinen Text viele Jahre nach Kriegsende zwar als persönliche Beichte und Bewältigung, keinesfalls aber als Rechtfertigung anlegt.

Doch der eigentliche Skandal dieses Romans geht weit darüber hinaus: Aue ist ein sensibler, hochintellektueller Ästhet. Er beherrscht mehrere Sprachen fließend und hat eine Vorliebe für Musik und Literatur. Er tritt dem Publikum daher nicht als abstoßendes Monster, sondern dezidiert als interessante Persönlichkeit entgegen: als Intellektueller, als Nazi-Dandy. Die Ich-Erzählung unterstützt das daraus resultierende Identifikationspotential zusätzlich. Natürlich ist nichts an diesem Roman ‹wirklich› authentisch (Max Aue hat nie gelebt), aber die Kombination aus dem irritierenden Identifikationspotential mit dem ‹Bösen› und den historischen Ereignissen, an denen Aue teilhat, stellt die Leser vor das Problem, sich zu dieser paradoxen Melange aus übergriffiger (Pseudo-)Authentizität zu positionieren: Wie hätten sie sich als Max Aue verhalten?

Ähnliches gilt für *Inglourious Basterds*. Mit diesem Film radikalisiert Tarantino die Frage, die Roberto Benignis *La vita è bella* (*Das Leben ist schön*, 1997) einige Jahre zuvor dezenter gestellt hatte: Darf man über den Nationalsozialismus lachen? Tarantinos Film präsentiert sich dazu als ausschließlich ästhetisch-fiktionales, nicht als realistisches Werk. Wiederholt durchbricht der Film die Erzählillusion, etwa durch die Einblendung von Namen oder durch eine Großaufnahme von Sprengstoff durch die Kleidung hindurch. Hitler und Goebbels sind als Karikaturen gezeichnet, die jede Form von diktatorischem Schrecken vermissen lassen. Wie ein Schoßhund hechelt Goebbels nach Hitlers Anerkennung für einen Film; als Hitler ihn lobt, ist er zu Tränen gerührt. All dies hat ein

Heraustreten aus der Fiktion zur Folge; das mimetische Element wird zurückgefahren zugunsten eines Diskurses über die Frage nach der Darstellbarkeit von Geschehen und Geschichte allgemein.

Wie Max Aue in Littells Roman ist Tarantinos Protagonist, der SS-Offizier Hans Landa, umfassend gebildet und primär deswegen seinen Widersachern überlegen. Diese sind seinen psychologischen Fähigkeiten nicht gewachsen und scheitern an Landas polyglotter Kompetenz sowie seinen schnellen Schlussfolgerungen. Landa ist als Identifikationsfigur gezeichnet, mit allen Problemen, die sich dem Publikum hinsichtlich der moralischen Wertung einer solchen Identifikation stellen. Auch bei Tarantino wird Authentizität somit kritisch hinterfragt; durch die komplexe und moralisch schwierige Perspektive wird das Problem der Sehnsucht nach Authentizität zusätzlich betont.

Littell und Tarantino nehmen sich jeweils die Lizenz, eine kritische Distanz zu Geschichte und Geschichtsschreibung auszuspielen. Sie verbinden die ästhetische Umsetzung eines moralisch komplexen historischen Sachverhalts mit der Frage nach Möglichkeiten und Grenzen der Erzeugung historischer Authentizität. Mit Max Aue und Hans Landa gestalten sie Figuren, die auf das Publikum potentiell eine ästhetische und intellektuelle Faszination ausüben. Auf diese Weise stellen beide Kunstwerke die Fiktion über die Historie, ohne dieser jedoch Abbruch zu tun: Sie fordern einen reflektierten Umgang mit Geschichte und Geschichtsschreibung, indem sie die Probleme einer simplen Identifikation oder moralischen Wertung dynamisieren. Eine postulierte Authentizität hingegen vernachlässigt diese Probleme. So liefern Roman und Film einen Beleg für die Relevanz von Reflexion, die Akzeptanz von Komplexität und zugleich ein Plädoyer für die Freiheit der Kunst.

Ist Christian Kracht ein Nazi?

Warum sollte er? An keiner Stelle hat Christian Kracht sich im Sinne nationalsozialistischer Ideologie geäußert. Dennoch wurde nach der Publikation seines Romans *Imperium* ein Streit vom Zaun gebrochen, wie es um die politische Haltung des Autors bestellt sei.[19] Im Einzelfall ließe sich dies mit den begrenzten Fähigkeiten eines Feuilleton-Journalisten erklären, realen Autor und literarische Figur zu unterscheiden. Doch Krachts Werke sind insgesamt anfällig dafür, nicht unabhängig von ihrem Autor rezipiert zu werden. Schon bei seinem Debüt *Faserland* waren entsprechende Versuche zu beobachten: Kracht sei ein Dandy, ein lebendes popkulturelles Artefakt.[20] Aus diesem Grund ist Christian Kracht im Kontext der deutschsprachigen Gegenwartsliteratur zentral für Debatten über Authentizität. Bei keinem anderen Autor scheint die Grenze zwischen Text und Person ähnlich durchlässig. Wie lässt sich das erklären?

Ein Blick zurück auf Jonathan Littell trägt zur Kontextualisierung bei: *Die Wohlgesinnten* wurden nach ihrer Publikation intensiv vermarktet, etwa auf Webseiten und durch öffentliche Auftritte. Bei manchen dieser Auftritte spielte Littell mit der Überblendung von Autor und Romanfigur, indem er gewisse Züge seines Protagonisten Max Aue inszenierte und sich so – zumindest im Ansatz – als Nazi-Dandy in Szene setzte. Die kategoriale Trennung von Autor und Figur wurde damit in Teilen verabschiedet – und Littell hob die kritische Thematisierung und Problematisierung der Sehnsucht nach Authentizität auf eine weitere Ebene. Wie ist das nun bei Christian Kracht?

Kracht legt es durchaus darauf an. In Interviews verfolgt er eine rhetorische Strategie, die sich mit einem Begriff aus der militärischen Terminologie beschreiben lässt: geordneter Rückzug gefolgt von einer Zangenbewegung. Auf Fragen von

Interviewern reagiert er zunächst verhalten bis ausweichend. Er stimmt freundlich zu, lässt den Interviewer Thesen aufstellen und nickt diese bejahend ab. In dem Moment aber, in dem der Interviewer den Eindruck hat, Kracht auf eine Aussage festgenagelt zu haben, vertritt dieser völlig unvermittelt die gegenteilige Meinung. Bei Harald Schmidt etwa sagte er im Zuge einer Diskussion darüber, ob man in Würde altern müsse, das stehe selbstverständlich jedem frei; auf Nachfrage Schmidts änderte er die Aussage jedoch ins Gegenteil: Unwürdiges Altern sei abstoßend. In einem Interview mit Denis Scheck Anfang 2009 wurde diskutiert, warum Kracht nach Buenos Aires gezogen sei. Zunächst sagte Kracht, er wisse den Grund nicht. Auf Nachfrage präzisierte er, er wolle in Argentinien in die Politik gehen. Sein politisches Programm bestehe darin, mit einem zweiten Falklandkrieg die Falklandinseln für Argentinien zurückzuerobern. Wenige Wochen zuvor hatte Kracht in einem Interview mit Armin Kratzert noch gesagt, nach Buenos Aires habe ihn nur die Sehnsucht getrieben, sich den weißen Fleck zu erschließen, der Südamerika für ihn auf der Landkarte war. Die politische Motivation – so sie authentisch wäre – müsste sich also bei Kracht sehr spontan über die Weihnachtsfeiertage 2008 ergeben haben.

Eine andere Erklärung ist, dass Kracht in Interviews nicht zwangsläufig die Wahrheit sagt. Die Antworten bleiben in der Schwebe zwischen möglich und unwahrscheinlich, etwa auf die Fragen danach, was er morgens als Erstes tue (sich die Hände putzen) oder womit er schreibe (einem Telex-Gerät). Auch scheinbar eindeutige Antworten (Sind Sie ein Dandy? – Nein! – Sind Sie reich? – Nein!) werden so ironisiert und jedes Referenzgehaltes beraubt. In all diesen Fällen lässt sich nicht ausschließen, dass Kracht die Wahrheit sagt, aber er verabschiedet mit seiner rhetorischen Strategie die Trennung von Fakt und Fiktion auch im Interview. Mit ironischer Nonchalance lässt er sich nicht festlegen; praktisch alle Interviewer fallen darauf herein. Die Hoffnung, durch die Interviews

einen Blick auf den ‹authentischen› Christian Kracht zu erhaschen, wird radikal enttäuscht.

Nun könnte man dieses Vorgehen als billiges Spiel abtun,
das gerade in Zeiten sogenannter ‹Fake News› eher eine Gefahr darstellt, als sinnvolle Einsichten zu ermöglichen. Was
soll denn falsch daran sein, wissen zu wollen, ob Kracht reich,
ein Dandy oder ein Nazi ist – und dafür seine Aussagen in
Interviews und Romanen heranzuziehen? Falsch daran sind
gleich zwei Dinge: Zum einen das Erkenntnisinteresse. Was
interessiert mich die Person Kracht, solange er gute Bücher
schreibt? Die Wahrheit über Kracht herausfinden zu wollen
ist nicht besser, als in der *Bunten* über die Scheidung von Jeff
Bezos zu lesen. Relevant ist Kracht wegen seiner literarischen
Texte – und diese sind es wert, rezipiert und (auch kritisch)
diskutiert zu werden, unabhängig von ihrem dahinterstehen-
den Autor. Falsch an der Sehnsucht nach dem ‹authentischen›
Kracht ist zum anderen das Bedürfnis, Ambivalenzen aufzu-
lösen. Was Krachts Texte großartig macht, ist ihre Fähigkeit,
zwischen mehreren Bedeutungsvarianten zu oszillieren, sich
nicht festlegen zu lassen. In *Imperium* werden ideengeschichtliche Vorläufer nationalsozialistischen Gedankenguts präsentiert – doch diese sind einer Figur zugeschrieben, und diese
Figur ist zudem noch ein halbwilder Irrer auf einer Kokos-
insel, also nun wirklich nicht ernst zu nehmen. *Faserland* ist
abstoßend in seiner Beschreibung dekadenten Reichtums mit
Champagner- und Drogenorgien. Aber dieser Reichtum wird
ebenso in seinem Reiz wie in seiner Problematik präsentiert.
Wir alle hätten gerne ein Haus auf Sylt – aber wir alle haben
keine Lust, kotzend in Heidelberg Taxi zu fahren.

Was Kracht also in seinen Romanen und seinen Interviews
leistet, ist, das Erkenntnispotential ambivalenter Strukturen
zu betonen. Anders als die Sehnsucht nach Authentizität ermöglicht dies, unterschiedliche Perspektiven einzunehmen,
Pluralität zu erkennen und verschiedene Lebens- und Verhaltensweisen in ihrer Faszination und ihren Grenzen wahr-

zunehmen. Was Kracht wirklich über Nationalsozialisten oder Champagnertrinker denkt, ist vermutlich ziemlich langweilig. Wie er sie in seinen Romanen porträtiert, ist hingegen hochspannend – gerade wegen der fehlenden Eindeutigkeit.

Was ist der nackte Wahnsinn?

Die Aufzeichnungen eines Manisch-Depressiven. In *Die Welt im Rücken* (2016) schildert Thomas Melle drei Phasen seines Lebens, in denen er entsprechend erkrankt war. Explizit grenzt er sich bei diesem Projekt von seinen Romanen ab: «Hier geht es nicht um Abstraktion und Literatur, um Effekt und Drastik. Hier geht es um eine Form von Wahrhaftigkeit, von Konkretion, jedenfalls um den Versuch einer solchen. Es geht um mein Leben, meine Krankheit in Reinform. [...] Nichts soll dabei verklausuliert, überhöht, verfremdet sein. Alles soll offen und sichtbar daliegen, so weit das eben möglich ist.»[21]

In den zitierten Sätzen sind alle wesentlichen Elemente des Authentizitätsparadigmas aufgerufen: Eindeutigkeit, Wahrheit (oder zumindest Wahrhaftigkeit), Transparenz und Aufrichtigkeit. Konsequenterweise ist Thomas Mann (der als Autor in jeder Hinsicht für das Gegenteil steht) der Erste, dessen Bücher Melle verkauft, als er in einer manischen Phase beschließt, auf seine Bibliothek verzichten zu können: «Ich hatte ihn [Thomas Mann] noch nie leiden können, fand seinen Stil unehrlich und parfümiert, und mit der vielgerühmten Ironie konnte ich schon gar nichts anfangen. Trickser hier, Trickser da, und alles in dieser Sublimierung altgriechisch verbrämter Pädophilie – weg damit.»[22] Mit Thomas Melle, dem aufrichtig Verrückten, der in der Irrenanstalt landet, und Thomas Mann, dem verklemmt Homosexuellen, der sich in die Ironie flüchtet, sind die Extrempole markiert, in deren

Spannungsfeld *Die Welt im Rücken* die ‹authentische› Darstellung einer manisch-depressiven Erkrankung aufbaut.

Was das Buch allerdings selbst ‹bipolar› macht (möglicherweise durchaus beabsichtigt), ist, dass es mit der Aufrichtigkeit nicht so leicht ist, wie die eingangs zitierte Positionierung es vermuten lässt. An nicht wenigen Stellen gleicht Melle (willentlich oder unwillkürlich) dem ungeliebten Mann – zwar nicht im kunstvollen Gebrauch der Ironie, aber doch im Scheitern, eindeutige, ‹wahre› Aussagen zu treffen. Als Melle – wie er schreibt – in einer manischen Phase eine Frau kennenlernt, attestiert diese ihm «ein ‹anderes Verhältnis zur Wahrheit›, was ich selbstverständlich gänzlich fehlinterpretierte: nicht als schräges, verschobenes Verhältnis, wie sie es meinte, sondern als einzig richtiges, gutes und fürwahr wahrhaftiges Verhältnis […].»[23] Deutlich weist die Passage darauf hin, dass es mehrere Perspektiven auf die Welt, gar mehrere ‹Wahrheiten› geben kann.

Hier ließe sich die Pluralität der Wahrheiten zwar als Folge der Krankheit (und somit als Täuschung) interpretieren. Dass jedoch auch das scheinbar ‹gesunde› Verhältnis zur Wahrheit eines der Konstruktion ist, betont der Text an all den Stellen, an denen er auf die individuelle Autobiographie als Erzählung abhebt: «Wenn Sie manisch-depressiv sind, hat Ihr Leben keine Kontinuität mehr. Was sich vorher als mehr oder minder durchgängige Geschichte erzählte, zerfällt rückblickend zu unverbundenen Flächen und Fragmenten.»[24] Begreifbar wird die Wirklichkeit, wie der Text an anderer Stelle sagt, nur als Erzählung, also in genau den narrativen Strukturen, denen man Künstlichkeit, Stilisierung, Trickserei vorwerfen kann. Auf diese Weise pendelt der Text in hochinteressanter Manier zwischen dem selbstpostulierten Authentizitätsanspruch und dessen fiktionaler Überformung.

An einigen Stellen geschieht diese Oszillationsbewegung fast aphoristisch: «Knausgård, unser aller Pin-und-Pop-up-Boy, dem ich im Übrigen kein einziges Wort glaube»,[25] schreibt

Melle und negiert dabei im Nebensatz (höchst ironisch) die
Aussage des Hauptsatzes, der Knausgård als Repräsentanten
des Authentizitätspostulats aufruft. An anderen Stellen ist die
Bewegung Teil einer biographischen Episode, etwa wenn
Melle schildert, wie er sich mit Alev, einer der Hauptfiguren
aus Juli Zehs Roman *Spieltrieb*, identifiziert: «Ohne dass die
konkreten Eigenschaften stimmten, sah ich mein Mindset doch
auf intuitiv-genialische Weise eingefangen und akzeptierte
Alev als seltsame, aber gerechtfertigte Projektion von Freun-
desseite.»[26] Zwar bezeichnet Melle diese Projektion wenige
Sätze danach (aus der Perspektive viele Jahre später) explizit
als «Unsinn», doch so unsinnig ist dieser Unsinn gar nicht,
funktionieren doch zahllose Lektüreakte dergestalt, dass Leserin oder Leser sich in einer literarischen Figur wiederer-
kennen – was kein Zeichen von ‹Krankheit› ist, sondern das
Potential der Fiktion veranschaulicht, erzählte Welten zu entwerfen, die sich von der realen Welt unterscheiden und doch
‹wahr› sind.

Gerade dieses Potential macht Fiktion so spannend (und
unterscheidet sie von Dokumentation). Mit Wolfgang Herrndorf weist ein anderer über seine Krankheit schreibender Autor anlässlich eines Films, den er sieht, auf den Unterschied
hin: «Der Film beginnt mit einem Fehler: Mit nichts weiter
als dem MRT in der Hand diagnostiziert der Arzt ein Glio-
blastom. Aber dramaturgisch natürlich völlig richtig: Denn
sofort ist man drin, in der Hölle.»[27] Als jemand, der selbst an
einem Hirntumor leidet und den Krankheitsverlauf akribisch
in einem Blog festhält, weiß Herrndorf um die Fehlerhaftig-
keit der Darstellung im Film. Als grandioser Schriftsteller aber,
der er ebenfalls ist, weiß er um die Macht der Fiktion, bisweilen ‹wahrhaftiger› zu sein als die Wirklichkeit. Bei Herrndorf
findet sich somit explizit reflektiert, was bei Melle nur unter-
schwellig als Gegenpol zum authentischen Bericht anklingt.

Die Bipolarität, die Melles Text als Krankheit des Autors
rekonstruiert, findet sich im Text somit gespiegelt als Zerris-

senheit zwischen dem Wunsch, authentisch zu erzählen, und dem wiederholten (durchaus produktiven) Scheitern dieser Authentizität an Strukturen von Narration und Fiktion, Ironie und Ambivalenz. Den nackten (‹authentischen›) Wahnsinn gibt es nicht.

Kann man ‹unpolitisch› sein?

Ja (Thomas Mann) – Nein (Thomas-Mann-Forschung). Von Thomas Melle wurde Thomas Mann als Gegenpol aufgerufen: als Autor, der sich durch die Verwendung von Ambivalenz, Ironie und Widersprüchlichkeit davor drücke, eindeutige Aussagen zu treffen. Besonders manifest wird diese Kritik, wenn man sie nicht auf die literarischen, sondern auf die politischen Texte Manns bezieht. Mag es in der Literatur noch ein Zeichen kunstvoller Komposition sein, die Darstellung in der Schwebe zu halten, um die Pluralität der Meinungen abzubilden, ist in der Politik die Entscheidung gefragt – und die Entscheidung verträgt keine Zweideutigkeit. Wie ist es also um Thomas Manns politische Positionierung bestellt – um diejenige, die Mann selbst als ‹unpolitisch› bezeichnete?

Im Sommer 1918 veröffentlichte Thomas Mann ein monumentales Werk von über 600 Seiten, in dem er zu den Ereignissen des Ersten Weltkriegs Stellung bezog: die *Betrachtungen eines Unpolitischen*. Seit ihrer Publikation wird diskutiert, ob sie tatsächlich frei von politischer Positionierung sind. Falls nein, stellt sich die Frage, welche Politik darin befürwortet oder abgelehnt wird. Woran also erkennt man die ‹wahre› politische Haltung Thomas Manns? Zu kontroversen Debatten führte insbesondere die Frage, ob die Aussagen im Buch ihrem Autor Thomas Mann zuzurechnen sind (also für den Autor authentisch) oder ob es eine Distanz zwischen Autor und Text gibt (also eine Form von Ambivalenz zwischen Autormeinung und Textaussage). Literaturwissenschaftlich gewendet lautet

die Frage: Gibt es einen Erzähler und/oder Figuren, die unabhängig vom Autor zu Wort kommen? Eng verbunden damit
ist die Frage, welcher Gattung das Buch zuzurechnen ist: Handelt es sich um einen Essay, ein Manifest, eine Präsentation
zeitgenössischer Diskurse, gar um einen Roman?

Beide Fragen sind für das Verständnis der *Betrachtungen*
zentral. Je stärker man von einer Zurechenbarkeit der Aussagen zur realen Person Thomas Mann ausgeht, umso weniger
fügt sich der Text in das Bild des – im späteren Leben – über-
zeugten Demokraten, der im Zweiten Weltkrieg entschieden
gegen das NS-Regime Stellung bezog. Je mehr aber die Aussagen im Text als von ihrem Autor durch eine Erzähl- oder
Figureninstanz getrennt angesehen werden, umso stärker muss
man sich fragen, warum Thomas Mann dann nicht zu einer
offensichtlich fiktionalen Gattung für seine Ausführungen
gegriffen hat, wie er es im teils zeitgleich entstehenden und
1924 publizierten *Zauberberg* mit den Debatten von Naphta
und Settembrini getan hat.

Im *Zauberberg* spielen sich die politischen Auseinander-
setzungen auf der Ebene der Figuren ab. Hier können als An-
tagonisten ein linksgerichteter Demokrat und ein Jesuit als
Verfechter des Gottesstaates miteinander streiten – und nicht
nur das: Die literarische Form ermöglicht es sogar, dass sich
die Positionen der beiden, so konträr sie auf den ersten Blick
scheinen, im Zuge der Debatten einander annähern. Plötzlich
vertritt der Aufklärer erstaunlich reaktionäre Positionen,
wenn er beispielsweise das Recht von Gott ableitet; der Erz-
katholik hingegen erscheint überraschend ‹fortschrittlich›,
wenn er sich auf positives Recht beruft. Was der *Zauberberg*
durch seine literarische Form also ermöglicht, ist, die Ambivalenz der politisch-weltanschaulichen Positionierung aufzuzeigen. Dies gelingt dem Text durch zwei Kunstgriffe: erstens
durch die Trennung von Autor, Erzähler und Figuren, so dass
die Figuren eine Pluralität von Meinungen veranschaulichen
können; zweitens durch die Uneindeutigkeit der Figurenposi-

tionen, die im Roman nicht – wie im politischen Manifest – ein argumentatives Defizit darstellt, sondern gerade die literarische Kunst des Autors beweist, weil sie unwillkürliche Verwandtschaften aufdeckt.

Doch wie steht es um die *Betrachtungen eines Unpolitischen*, den nicht-literarischen Text? Ist die Sprechinstanz, die Thomas Mann für sein wichtigstes politisches Manifest nutzt, in ihren Äußerungen authentisch für den Autor – oder handelt es sich ebenfalls um ein literarisches Spiel? Fest steht, dass die *Betrachtungen* sowohl eine klare Gattungszuschreibung als auch eine eindeutige Positionierung bezüglich des Verhältnisses von Autor und Sprechinstanz aktiv subvertieren. In der Vorrede beispielsweise heißt es: «Künstlerwerk, Künstlerschrift: Es redet hier Einer, der, wie es im Texte heißt, nicht gewohnt ist, zu reden, sondern reden zu lassen, Menschen und Dinge, und der also reden ‹läßt› auch da noch, wo er unmittelbar selber zu reden scheint und meint. Ein Rest von […] jener dichterischen Sophistik, welche Den Recht haben läßt, der eben redet, und der in diesem Falle ich selbst war […].»[28]

Hier wird eine doppelte narrative Distanz aufgebaut: Zum einen distanziert sich die Vorrede formal, indem sie auf die Stimme des Haupttextes in der dritten Person Bezug nimmt. Zum anderen distanziert sie sich inhaltlich, weil sie dem Sprecher eine Distanz zum Gesagten unterstellt, ihn also von den Stimmen bzw. Figuren abspaltet, die durch seinen Mund zu Wort kommen. Freilich wird diese Distanz schon im selben Satz unterlaufen: in dem Moment, in dem aus dem ‹er› ein ‹ich› wird, ein Umschlag in der Stimme, der aber seinerseits sofort revidiert wird. Wo sich vor dem Hintergrund des Krieges vermischt, was den Einzelnen und was die Allgemeinheit angeht, vermischen sich auch die Stimmen, die dies zum Ausdruck bringen; da spricht statt einer klar konturierten Erzählinstanz plötzlich ein Konglomerat aus mehreren Stimmen mit unterschiedlich starker Distanz zum Gesagten.

Am besten fassen lässt sich der Text daher als riskanter, vielleicht scheiternder Versuch, in einem ‹polyphonen Essay› politische Stellungnahme und künstlerische Distanz konvergieren zu lassen, wodurch – negativ gewendet – keine der beiden Seiten zu ihrem Recht kommt oder – positiv verstanden – ein ironisch-ernsthafter Kommentar zu den Ereignissen der Jahre 1914–1918 entsteht. Man kann den *Betrachtungen* daher ähnlich gespalten gegenüberstehen wie den meisten Texten, die in hohem Maße mit Ironie arbeiten. Wer nach einer eindeutigen Aussage sucht, auf die sich Thomas Mann festlegen ließe, der wird enttäuscht. Wer aber den Text als Versuchsraum schätzt, in dem Ambivalenz die Möglichkeit eröffnet, Dinge versuchsweise zu sagen und hypothetisch durchzuspielen, und in dem das Wechselspiel verschiedener Stimmen ein Panorama der Epoche entwirft, der kann zwar nicht in einen argumentativen Wettstreit mit Thomas Mann über die ‹richtige› Politik eintreten, aber an der Zwiespältigkeit des Textes die eigene Position schärfen. Unpolitisch und politisch zu sein, ist sehr eng miteinander verbunden.

Was passiert vor dem Denken?

Präsenz. Bevor das hermeneutische Verstehen mit seiner reflektierenden Kraft einsetzt, gibt es einen kleinen, vergänglichen Moment reiner Gegenwart – eben ‹Präsenz›. So lautet die These, die Hans Ulrich Gumbrecht 2004 in einem Buch mit dem Titel *Diesseits der Hermeneutik. Die Produktion von Präsenz* vertrat.[29] Er schlägt darin vor, das «ästhetische Erleben als ein Oszillieren (und mitunter auch als Interferenz) zwischen ‹Präsenzeffekten› und ‹Sinneffekten› [zu] begreifen».[30] Präsenzerlebnisse seien in einer verstandesgeprägten ‹Sinnkultur› ein interessantes Phänomen, weil sie sich in einem Moment vor der hermeneutischen Durchdringung abspielten, also dem Verstehen vorangingen. Gibt es so einen Moment ‹reiner Präsenz› – und wenn ja: Ist er dann nicht mit perfekter Authentizität verbunden?

Gumbrechts Thesen stellen eine Reaktion auf die philosophischen und literaturtheoretischen Strömungen der zweiten Hälfte des 20. Jahrhunderts dar: Der Strukturalismus hatte die Arbitrarität des Zeichens betont, die Dekonstruktion jedes feste Zentrum als beliebige Setzung entlarvt, die Gendertheorie das Geschlecht als soziales Konstrukt beschrieben. Das Konzept der Präsenz wendet sich gegen die kritische Durchdringung der Welt und postuliert stattdessen ein Wesenhaft-Unverfügbares: einen Moment echter Gegenwärtigkeit, ein aufrichtiges Gespräch, die Stimmung eines lauen Sommerabends. Das Verlockende (und Verdienstvolle) an diesem Ansatz ist, auf eine Erfahrung aufmerksam zu machen, die omnipräsent ist, aber in theoretischen Konzeptionen stiefmütterlich behandelt wird (weil sie nicht argumentativ zu erfassen ist). Was wäre naheliegender als die Sehnsucht nach Konkretion, Präsenz, Stimmung – authentisch, natürlich?

Es handelt sich um eine Sehnsucht, die menschlich ebenso verständlich wie wissenschaftlich problematisch ist. Denn die Präsenzerfahrung im ästhetischen Erleben entbehrt der Möglichkeit intersubjektiver Plausibilisierung, sofern sie nicht als Präsenzmoment im Text dargestellt ist (was dann hermeneutisch interpretiert werden kann) oder sich in der beobachtbaren Rezeption (z. B. anhand von historischen Rezeptionszeugnissen oder in empirischen Studien) nachweisen lässt. Die bloße Behauptung, eine bestimmte Passage, Struktur oder Beschreibung im Text wirke auf ‹die Leserin› oder ‹den Leser› in bestimmter Weise (löse also beispielsweise bei ihr oder ihm einen Moment echter Präsenz aus), ist nicht mehr als eine bloße Behauptung. Oft handelt es sich um die Verallgemeinerung der eigenen Erfahrung, die man anderen Leserinnen und Lesern ebenfalls unterstellt. Es gibt daher strukturell keinen Unterschied zwischen den Aussagen «Der Roman evoziert eine spezifische Stimmung» und «Der Roman ist besonders

authentisch». In beiden Fällen handelt es sich um die Annahme, dass eine subjektive Erfahrung intersubjektive Rückschlüsse zulasse und so eine Beurteilung der Stimmung oder
des Authentizitätsgrades ermögliche. Davon ist unbenommen,
dass es Stimmungen, Momente von Präsenz oder ein Gefühl
von Authentizität gibt. Die Kritik zielt nicht darauf, dies zu
negieren; sie zweifelt jedoch die Möglichkeit der intersubjektiven Beobachtung und Beschreibung von Stimmung, Präsenz
oder Authentizität an.

Eine solche Beobachtung wäre möglich, wenn es Stim-
mungs-, Präsenz- oder Authentizitätsindikatoren gäbe. Darunter wären – wie oben erläutert – bestimmte Strukturen,
Formulierungen oder Beschreibungen zu verstehen, für die
sich mit guten Gründen sagen ließe, dass sie bei vielen oder
allen Rezipienten eine jeweils ähnliche Reaktion auslösen.
Ein Beispiel wäre die These: Wenn in einem Film eine Figur
weint, führt dies zu trauriger Stimmung beim Publikum. Dies
scheint – ähnlich wie typische Authentizitätsbehauptungen –
unmittelbar einzuleuchten. Es schließt jedoch aus, dass
Trauer auch komisch wirken kann. Unecht. Die Figur un-
sympathisch. Beim Zwiebelschneiden gefilmt.

Zweifellos ist es möglich, eine interpretatorische Hypothese
aufzustellen, warum die Figur weint: weil ihre Ehefrau sie
verlassen hat, ihr Auto einen Platten hat, ein Immobilienmak-
ler zum Präsidenten gewählt wurde. Auf dieser Basis lässt es
sich intersubjektiv plausibilisieren, das Weinen der Figur als
Ausdruck der Trauer zu verstehen. Doch erstens wäre dies ein
hermeneutischer Vorgang, also gerade nicht ein Moment der
Stimmung oder Präsenz. Und zweitens sagt die hermeneutische Interpretation, selbst wenn sie intersubjektiv plausibel
ist, nichts darüber aus, ob das Weinen in der *tatsächlichen*
Reaktion des Publikums eine traurige Stimmung hervorruft.

Ähnlich wie die Berufung auf Präsenz verfahren wissenschaftliche Herangehensweisen, die sich auf Immersion stüt-
zen. Auch sie zielen oft darauf ab, ein ‹Unverfügbares› in das

Zentrum der Analyse zu rücken und damit eine höhere Authentizität zu behaupten. Die Untersuchung von immersiven Effekten beobachtet beispielsweise, inwieweit sich Rezipienten bei der Lektüre eines Buches oder beim Ansehen eines Filmes im Kunstwerk ‹verlieren›, also die Welt um sich herum vergessen. Wie im Falle der Präsenz ist das ein spannender Ansatz, wenn er sich nicht in der behauptenden Beliebigkeit verliert. Eine kognitionspsychologische Untersuchung der Rezeption eines Kunstwerks mit empirischen Methoden kann zu relevanten Ergebnissen führen. Nicht selten verfahren Forschungsbeiträge aber ähnlich wie die üblichen Authentizitätsbehauptungen, indem sie bestimmte Passagen eines Buches oder Films für besonders immersiv erklären und etwa die These aufstellen, dass besonders viele schnelle Schnitte eines Films oder – im Gegenteil – besonders wenige Schnitte, verbunden mit einer ruhigen, langsamen Kameraführung, besonders immersiv auf die Rezipienten wirkten.

Auch die Materialitätsforschung, die in den Geisteswissenschaften Konjunktur hat, lässt sich als Reaktion auf die Authentizitätssehnsucht verstehen. Sie speist sich aus dem Bedürfnis, sowohl den postmodernen Allesbehauptern als auch den Kollegen aus den Naturwissenschaften etwas Handfestes entgegenzustellen. Weil sie dieses Handfeste in der Regel auch hat (etwa ein Manuskript oder eine Inschrift), besitzt sie eine wissenschaftliche Basis. Doch auch sie stößt an Grenzen, wenn das materiale Faktum in einen Kontext gerückt, also interpretiert wird. Dann greifen dieselben Gesetze der intersubjektiven Plausibilisierung ohne absoluten Wahrheitsanspruch, die für jeden aufgeklärt-hermeneutischen Zugriff auf Literatur und Kultur gelten. Die Tatsache, dass die Thesenbildung von einem materialen Artefakt ausgeht, macht die These nicht weniger angreifbar. Es zeigt sich in der Sehnsucht nach einem materialen Zentrum der Kulturwissenschaft somit eine ähnliche Sehnsucht wie in dem Bestreben, ‹Fake News› sogenannte ‹Real News› entgegenzusetzen, das noch skizziert werden soll. Es handelt sich um ein ehrenwertes Unterfangen, das jedoch bisweilen an Grenzen kommt.

Die Berufung auf Präsenz, Immersion oder Materialität in den Geisteswissenschaften ist also Ausdruck der Sehnsucht nach Authentizität. Sie reagiert auf eine angeblich überbordende Beliebigkeit der Interpretationen in der Postmoderne und versucht, ein festes Zentrum für die Analyse zurückzugewinnen (den Leseeindruck, das Artefakt etc.). Im Endeffekt handelt es sich deswegen um ebenso quasi-metaphysische Ansätze wie bei der Berufung auf Authentizität.

Warum schauen Intellektuelle nicht RTL II (oder doch)?

Weil sie Gossip in Form von Autobiographien oder Tagebüchern konsumieren. Zwischen dem Dschungelcamp und den Tagebüchern Thomas Manns gibt es dabei keinen Unterschied: Beides wird rezipiert mit dem Interesse, einmal einen authentischen Blick hinter die öffentliche Fassade einer berühmten Persönlichkeit zu erhaschen. Das Interesse ist in beiden Fällen nur selten eines, das zur Erhellung inhaltlicher Fragen beiträgt, etwa zu medientheoretischen Einsichten Susan Stahnkes, den politischen Positionen von Rainer Langhans oder den literarischen Texten von Thomas Mann.

Für literaturwissenschaftliches Interpretieren gibt es einen relativ weit reichenden Konsens (der selbstverständlich nur Konvention, aber doch wissenschaftstheoretisch fundiert ist): Man versucht nicht, die ‹Wahrheit› über einen Text herauszufinden, sondern eine plausible Interpretationshypothese zu formulieren. Dafür werden Kontexte zu Rate gezogen (z. B. andere Werke der Entstehungszeit, andere Werke der Autorin, politische Ereignisse der Zeit), deren Nutzen für die Interpretation aber jeweils zu erweisen ist. Dass der Autor eines Buches selbst dessen bester Interpret ist, wird spätestens seit dem ‹Tod des Autors› nicht mehr für sinnvoll gehalten (und schon Friedrich Schleiermacher äußert sich in seiner Hermeneutik zu Beginn des 19. Jahrhunderts diesbezüglich), weil Äußerungen des Autors nur ein Kontext unter vielen sind, kein privilegierter.

Wenn aber autobiographische Werke oder Tagebücher von Autoren keinen herausgehobenen Kontext für die Interpretation ihrer literarischen Werke bilden, muss das Interesse an ihnen ein anderes sein. Es könnte sich um ein literaturwissenschaftliches Interesse handeln, das die Texte nach entsprechenden Kriterien interpretiert (z. B. narratologisch, gattungsgeschichtlich, zeithistorisch). In den meisten Fällen aber findet implizit ein Wechsel des Bezugssystems statt: Geht es um Tagebücher, aber auch – wie bei den Beispielen Melle, Louis, Herrndorf und anderen – um autobiographisch verfahrende Texte, dann verschiebt sich das Interesse der Rezeption oft vom Aufstellen einer plausiblen literaturwissenschaftlichen Hypothese zu dem Bedürfnis, die ‹Wahrheit› über das Leben der Autoren zu erfahren. Interessant sind dabei natürlich insbesondere pikante Wahrheiten, etwa die homoerotische Neigung des sechsfachen Vaters Mann, die krankheitsbedingten Aussetzer Melles und Herrndorfs, die sozialen Demütigungen Louis'.

Es geht in diesem Bezugssystem also nicht um die Frage, ob es sich bei der erzählten Geschichte um gelungene Literatur handelt, sondern um ein quasi voyeuristisches Interesse am (scheinbar oder tatsächlich) Authentischen, dessen Schrecken von den Lesern in ihrem Großstadtsessel mit wohligem Entsetzen durchblättert werden können. Die meisten von ihnen halten das Geschilderte vermutlich für real und betrachten es weder durch die Brille der Literarisierung noch durch diejenige soziologischer Analyse. Stattdessen wollen sie Lieben und Leiden unverzerrt in HD dargeboten bekommen und machen sich damit zu strukturellen Komplizen des Trash-TV. In beiden Fällen geht es um den Wunsch, hinter der bürgerlichen Fassade die angeblich authentischen Abgründe aufzuspüren und sie durch die Fenster der eigenen bürgerlichen Fassade mit Faszination und Erschütterung zu betrachten.

ECHTE POLITIKER?
AUTHENTIZITÄT IN DER GESELLSCHAFT

Was die Literatur präsentiert, ist nicht selten re-präsentativ (ein Schelm würde sagen: authentisch) für die Gesellschaft, in der diese Literatur entsteht. Die Karriere, die Authentizität als Sehnsucht in den vergangenen zwei Jahrzehnten gemacht hat, ist daher auch außerhalb von Literatur und Kultur zu beobachten: in der Politik und damit zusammenhängenden gesellschaftlichen Bereichen, die dieses Kapitel in den Blick nehmen soll – etwa in der medialen Kommunikation oder in bestimmten Erwartungen an den Rechtsstaat.

Wie viele Körper hat Angela Merkel?

Zwei. Mindestens. Am 30. Mai 2019 hielt Angela Merkel an der Universität Harvard die *commencement speech*, die Rede zur feierlichen Verleihung der Abschlusszeugnisse an die Absolventen des Jahrgangs. Sie sprach über ihren eigenen Bildungsweg, über ihre Erfahrungen im geteilten Deutschland sowie über die Bedeutung, die Freiheit für sie habe. In der Presse wurde die Rede nahezu einhellig als Merkels ‹Vermächtnis› verstanden. Sie habe ungewohnt persönlich gesprochen, ihre eigene, unverstellte Sicht auf die Weltlage dargeboten, ein authentisches Zeugnis ihrer selbst abgelegt. Die Rede, so fasste es die *Süddeutsche Zeitung* zusammen, «war der Moment, in dem die Naturwissenschaftlerin Angela Merkel sich auch öffentlich als metaphysische Person zeigte. Sie präsentierte sich, und das schien ihr wichtig zu sein, als zumindest auch in Teilen spirituelles Wesen.»[1] Das Zitat illustriert, welche Sehnsucht sich in den Stimmen äußert, die Merkels Rede als persönliches Vermächtnis feierten: der Wunsch, einen Blick hinter die naturwissenschaftlich-rationale Fassade der Kanzlerin zu erhalten und ihr (der Öffentlichkeit scheinbar verborgenes) wahres, ‹metaphysisches› Ich zu erblicken.

Diese Sehnsucht ist in vielerlei Hinsicht aufschlussreich. Erstens illustriert sie, wie stark eine essentialistische Weltsicht auch in politisch-gesellschaftlichen Zusammenhängen prägend ist. Es gibt, so die Annahme, einen Unterschied zwischen der öffentlichen und der privaten Angela Merkel, zwischen Rationalität und Religiosität, zwischen Kanzlerin und Ich. Dies könnte man mit Helmuth Plessners Unterscheidung von Privat- und Amtsperson[2] oder mit der berühmten Studie von Ernst Kantorowicz über die *Zwei Körper des Königs* (1957)[3] als Differenzierung der Person Merkel in der Wahrnehmung durch die Öffentlichkeit verstehen: eine Trennung in den öffentlichen Körper der Bundeskanzlerin, der durch seine politische Funktion charakterisiert und deswegen quasi unsterblich ist, und einen Körper der Privatperson Angela Merkel, der ein ganz normaler menschlicher Körper ist, sterblich und mit individuellen Stärken und Schwächen.

Was die Wahrnehmung Merkels nach ihrer Harvard-Rede jedoch von Kantorowicz' Theorie unterscheidet und darin prägend für eine Forderung an die Politik in der Gegenwart ist, ist der Umstand, dass der private Körper Merkels gerade nicht aus der öffentlichen Wahrnehmung ausgeblendet wird, sondern – im Gegenteil – als latentes Sehnsuchtsobjekt hinter dem öffentlichen Körper steht. Anscheinend erwecken gerade Figuren des öffentlichen Lebens, die ihre Privatperson nicht in die Öffentlichkeit tragen, sondern ihr Amt betont professionell ausüben, das Verlangen, hinter die Fassade zu schauen und dort die wahre Angela Merkel zu erblicken. Die Momente, in denen das scheinbar möglich wird – wie in Harvard –, sind dann privilegiert gegenüber den ‹normalen› Auftritten, weil sie angeblich tiefer blicken lassen, den authentischen Ansichten Merkels näher kommen.

Diese Sichtweise übersieht jedoch, wie professionell Merkel agiert – was in ihrer vierten Amtszeit als Bundeskanzlerin nicht überraschend ist. Deutlich plausibler als die Annahme, in Harvard habe Merkel – überwältigt durch die herausragende Ehre, die ihr zuteilwurde – Einblicke in ihr wahres Weltbild gezeigt, ist die These, dass sie in Harvard so situativ-professionell gehandelt hat wie immer: indem sie ihre Rede perfekt an das Publikum und dessen Erwartungen anpasste. Eine Rede an den Abschlussjahrgang einer amerikanischen Universität ist nicht der Ort, komplexe Wirrungen der Weltpolitik im Detail zu skizzieren (was Merkel zweifellos könnte). Nein, die Erwartung des Publikums ist, dass die Rednerin ihre persönliche Biographie mit dem Pathos allgemeiner Lebensweisheiten mischt und dies jungen Menschen in einer biographisch kritischen Übergangsphase als Ermutigung und Leitfaden mit auf den Weg gibt.

Entsprechend waren sowohl Merkels Einblicke in ihre Biographie, die auch auf Wikipedia nachzulesen gewesen wären, als auch ihre scheinbar ‹metaphysischen› Weisheiten nichts anderes als ein perfektes Dankeschön an die Universität, die ihr die Ehrendoktorwürde verlieh. Merkel orientierte sich an den Erwartungen ihrer liberalen Ostküsten-Zuhörer, indem sie diesen die autobiographische Erzählung vom Aufbruch aus der Enge der DDR in die Freiheit des Westens bot, ergänzt um allgemeine Weisheiten wie diese: «Tear down walls of ignorance and narrow-mindedness». Dass Merkel damit sowohl – wie das Zitat illustriert – an glorreiche Vorredner (Ronald Reagan in Berlin) anschließen als auch dem aktuellen Präsidenten der USA einen Seitenhieb verpassen konnte, passte ihr gewiss in den Plan; es diente aber vor allem wiederum ihrem Ziel, die adäquate Rede zum Anlass zu halten.

Man mag diese Rede daher – wie die *FAZ* es tat – abtun als «festgemauert in den Phrasen».[4] Man kann sie aber auch feiern als Zeugnis der hohen Professionalität, mit der Angela Merkel ihr Amt als Bundeskanzlerin versieht. Nicht sinnvoll verstanden werden kann sie hingegen als persönliches Vermächtnis, weil dies erstens davon ausgehen würde, dass Merkel – quasi versehentlich – einen Einblick hinter die Fassade der rational agierenden Bundeskanzlerin gewährt hätte, und zweitens annehmen würde, dass dieser Einblick ‹authentisch› gewesen sei, also – anders als die rationalen Handlungen – charakteristisch für die ‹wahre› Angela Merkel. Doch wie Angela Merkel ‹wirklich› ist, weiß vielleicht Joachim Sauer, ihr Ehemann; vielleicht aber auch dieser nicht, und möglicherweise weiß es nicht einmal sie selbst (hier kommt erneut die Frage ins Spiel, ob es den wahren Kern einer Person überhaupt gibt und wie er gegebenenfalls erkannt werden kann). Für die Öffentlichkeit hingegen – und nur darauf kommt es in diesem Fall an – ist der wahre Kern irrelevant; die einzige Forderung, die die Öffentlichkeit legitim an Merkel herantragen kann, ist, dass sie ihr öffentliches Amt mit höchster Professionalität ausfüllt – und genau das tut Merkel, wofür ihre Rede in Harvard exemplarisch steht.

Können Affen Selfies machen?

Na klar! Das Selfie ist die Kulmination zugeschriebener Authentizität im Bereich der sozialen Medien. Erstens prädestiniert die erforderliche Technik, die Handy-Kamera eigenhändig für ein Foto zu verwenden und trotzdem selbst auf dem Foto zu erscheinen, das Selfie für fotografische Authentizitätseffekte. Was das Selfie aufgrund seiner Entstehungsvoraussetzungen leistet, ist die Beglaubigung der Tatsache, dass ich wirklich in den Fairy Pools auf Skye geschwommen bin, Lady Gaga in der Gießener Fußgängerzone getroffen habe oder mit Papst Franz in *Shepherd One* geflogen bin. Das Selfie verbindet Mobiltelefon, Fotografen (der zugleich Fotografierter ist) und

Motiv (Landschaft, wichtige Person, niedliches Tier) zu einem unauflöslichen Dreiklang. Was in diesem Dreiklang ertönt, ist wahr.

Was das Selfie neben seiner Entstehungsbedingung zweitens so authentisch erscheinen lässt, ist seine Fähigkeit, scheinbar das ‹wahre› Ich zu präsentieren. Ein Selfie lässt nur wenig Raum für die künstlerische Wahl des Bildausschnittes. Die Pose ist oft durch die unbequeme Haltung des Handys bedingt. Der Abgebildete ist im ungünstigsten Winkel getroffen, verzerrt, erscheint unvorteilhaft dick? Egal! Schließlich geht es nicht darum, der Welt ein möglichst ästhetisches Foto zu präsentieren, sondern ein möglichst wahrhaftiges. Die Makel tragen dazu bei, das Authentizitätspostulat zu unterstreichen. Das Selfie zeigt das wahre Ich, ohne jede Form von Komposition und Künstlichkeit.

Drittens steht das Selfie für die ‹authentische› Selbsterkenntnis des Fotografen. Was der Apollon-Tempel in Delphi spätestens im 4. Jahrhundert v. Chr. forderte – Γνῶθι σεαυτόν: Erkenne dich selbst –, wird heute durch jedes Selfie täglich millionenfach Wirklichkeit. Das Selfie bietet dem fotografierenden Ich ein Medium für den Blick nach innen: Im Selfie wird das Ich sich seiner selbst bewusst. Das schönste Beispiel für die Frage, wie weit das Selbst-Bewusstsein eines Selfie-Fotografen reicht, ziert das Cover dieses Buches. Der Wildtierfotograf David Slater hatte auf der indonesischen Insel Sulawesi in mühevoller Kleinarbeit einige Affen mit seiner Kamera vertraut gemacht, so dass diese sich der Kamera nach und nach näherten und sich auch vom Klicken des Auslösers nicht länger stören ließen.[5] Schließlich drückte Naruto, ein sympathischer Schopfmakake, den Auslöser und fotografierte: sich selbst. Ein tierisches Selfie war gelungen.

Wie tief Naruto dabei in sich blickte, wird uns für immer verborgen bleiben. Durchaus vernehmlich war hingegen der Rechtsstreit, den die Tierschutzorganisation Peta im Namen Narutos sodann um die Bildrechte führte. Das Berufungsgericht in San Francisco lehnte die von Peta geführte Klage mit der schönen Begründung ab, es könne nur im Namen von Tieren geklagt werden, wenn dies ausdrücklich im Gesetz vorgesehen sei. Schön ist die Begründung, weil sie das Urheberrecht für Affen nicht per se ausschließt, sondern nur auf die fehlende gesetzliche Regelung verweist. Künftig könnte also ein Gesetz den Affen ihre authentische Selbstbetrachtung auch urheberrechtlich ermöglichen, wie es Peta im Anschluss an das Urteil forderte: «Naruto das Recht zu verweigern, Urheberrechte in Anspruch zu nehmen, bestätigt Petas Einschätzung, dass der Affe diskriminiert wird, nur weil er ein Tier ist.»[6] Nicht nur ein Affe hat sich in diesem Prozess authentisch zum Affen gemacht.

Ist Donald Trump real?

Yes, he is. Zumindest auf Twitter. Neben dem von Barack Obama eingeführten Account @POTUS («President of the United States») nutzt Trump seinen eigenen Account @realDonaldTrump. Über seine Twitter-Aktivität wurde so viel geschrieben, dass ich mich auf wenige Aspekte beschränke, die mit dem Authentizitätsparadigma unmittelbar zusammenhängen: (1) die Verbindung von Privatem und Öffentlichem, (2) die Nähe-Suggestion, (3) das Eindeutigkeitspostulat und (4) daraus abgeleitete Konsequenzen für politisches Handeln und politische Kommunikation.

(1) Wie vielfach konstatiert wurde, unterscheidet Trump in seinem Twitter-Verhalten nicht nach Thema oder Anlass: «Differenzierungen von Privatem und Öffentlichem, von Amtlichem und Persönlichem sind darin [in Trumps Tweets] ebenso nivelliert wie diejenigen von Existenziellem und Beiläufigem.»[7] In seiner Dauerbeschallung und seinem direkten Wechsel zwischen Weltpolitik und Belanglosigkeiten erweckt @realDonaldTrump den Anschein, unmittelbar die Wahrneh-

mung eines Weltpolitikers abzubilden, in dessen Gehirn all dies simultan koexistiert. Gewiss sieht es (in dieser Hinsicht) in Angela Merkels Gehirn ähnlich aus (so wie in jedem menschlichen Gehirn, das stets verschiedene Rollen, Aufgaben, Themen präsent hat). Im Unterschied zu anderen Politikern aber – und das macht den Authentizitätsanspruch aus – lässt Trump die Öffentlichkeit an diesem Bewusstseinsstrom teilhaben, ohne zu kategorisieren. Wo etablierte politische Formen fein austarierte Differenzierungen erlauben (auf der UN-Pressekonferenz stehen andere Themen und Darstellungsweisen im Vordergrund als im Sommerinterview, in der Neujahrsansprache andere als im Wahlkampf-Flyer), da ist bei Trump immer alles zugleich: Wahlkampf und Weltpolitik, Fox News und Familie. Was zur Inszenierung von (gefühlter) Authentizität beiträgt, ist also erstens die Gleichzeitigkeit von Themenvielfalt, Gedankenstrom und Kommunikation.

(2) Zweitens wird das Authentizitätsparadigma durch die unmittelbare (und ebenso unterschiedslose) Rezeption dieses Kommunikationsverhaltens bedient. Twitter ermöglicht es allen Menschen, Trump zu folgen – Journalisten ebenso wie einfachen Wählern, anderen Politikern ebenso wie seiner Familie. Vor Twitter sind alle gleich – und auf Twitter ist Trump für alle gleich. Die Sehnsucht, einem amerikanischen Präsidenten einmal (nein: kontinuierlich) über die Schulter schauen zu dürfen, wird hier Wirklichkeit. Der Wunsch nach Authentizität ist in diesem Fall nichts anderes als Neugierde. Anstatt auf die *Gala* vertrauen zu müssen, um die neuesten Informationen aus dem Weißen Haus zu erfahren, besorgen wir sie uns selbst, aus erster Hand, und können die Dinge damit scheinbar so sehen, wie sie ‹wirklich› sind. Dass diese Wirklichkeit einer extremen Perspektivgebundenheit unterliegt, vergessen wir dabei bisweilen.

(3) Dass wir uns in der Rezeption des Trump-Tweet-Stromes auf eine einseitige Perspektive einlassen, hat Folgen für den Wahrheitsanspruch. Peter Strohschneider resümiert: «Es

gibt in Donald Trumps Tweets nur eine Wirklichkeit. […] Diese Wirklichkeit gibt weder Verstehensprobleme auf noch sieht sie Deutungskonkurrenzen vor.»[8] Dass Trumps Tweets auf Eindeutigkeit und Wahrheit abzielen, lässt sich unmittelbar aus dem Authentizitätsparadigma ableiten. Die scheinbare mediale und zeitliche Nähe zu den Geschehnissen bewirkt den höheren Glaubwürdigkeitsanspruch, den die Tweets explizit formulieren und der von zahlreichen ihrer Leser geteilt wird. Wer sollte denn besser sagen können, wie es im Weißen Haus ‹wirklich› ist, als derjenige, der tagein, tagaus darin lebt? Dass Politik (ebenso wie Geschichte, Beziehungen, der Alltag – und überhaupt sehr viele Dinge) nicht selten besser erfasst und beschrieben ist, wenn die unmittelbar Betroffenen nicht auch die Deutungshoheit haben, bleibt in dieser Perspektive außen vor. Nähe bedeutet Authentizität bedeutet Wahrheit.

(4) Aus dem Dreiklang von Nähe, Authentizität und Wahrheit leiten sich unmittelbare Konsequenzen für politisches Handeln und politische Kommunikation ab. Es handelt sich dabei nämlich keineswegs nur um eine Argumentationsfigur eines spezifischen politischen Spektrums. Vielmehr wird sie in strukturell vergleichbarer Weise auch von all denjenigen gepflegt, die den Menschen die Deutungshoheit über Dinge absprechen, von denen sie nicht unmittelbar betroffen seien. Zu Recht sieht Strohschneider einen direkten Zusammenhang mit populistischen Praktiken im Allgemeinen: «Im Anti-Pluralismus einer phantasmatisch einheitlichen und abstandslosen Gemeinschaftlichkeit wie im Geltungsvorrang des Unvermittelten ist der in den Tweets konstituierte Kommunikationsraum so angelegt, wie die Populismen überhaupt Gesellschaft konstituieren.»[9]

Die Sehnsucht nach Authentizität verhindert Pluralität, kritische Distanz, reflektierende Komplexität. Authentisch sein heißt einfach, nahbar, eindeutig sein. Das ist mindestens dann ein Problem, wenn die ‹authentische› Person das mächtigste Amt der Welt innehat; es ist aber auch ein Problem in erstaunlich vielen anderen Fällen, in denen Authentizität aktuell positiv besetzt ist – etwa wenn entschieden wird, wer worüber sprechen darf, wer was interpretieren darf oder wer wovon betroffen sein darf. Ganz grundsätzlich betrifft die Frage das Problem, auf der Basis welcher Beobachtungen und Erzählungen wir unsere Welt aufbauen. Gibt es überhaupt Fakten – und wenn ja: Wie erkennen wir sie? Oder sind wir umzingelt von Fake News?

Sind Fakten Fakten?

Ja. Fakten sind Fakten sind Fakten. Wichtigstes Kriterium für ein Faktum ist seine intersubjektive Überprüfbarkeit. In empirischen Wissenschaften würde man beispielsweise von der Replizierbarkeit einer Studie sprechen. Fakten sind der kleinste Bestandteil unserer Wahrnehmung und unseres Wissens: die Atome unserer Welt. Cäsar überschritt 49 v. Chr. den Rubikon – das ist ein Fakt, zumindest lässt es sich auf der Basis der historischen Quellen intersubjektiv plausibilisieren.

Doch das meiste, was wir an Welt wahrnehmen, besteht nicht aus diesen Fakten-Atomen, sondern aus Molekülen: aus mehreren Fakten, die durch eine Erzählung verbunden sind. Cäsar überschritt 49 v. Chr. den Rubikon, und der Bürgerkrieg begann – dies sind zwei kombinierte Fakten, die aber in der Verbindung nicht einfach neutral nebeneinander stehen, sondern – weil sie eine Erzählung bilden – zahlreiche Implikationen nahelegen und damit Interpretationen ermöglichen. Man kann das Erzähl-Molekül temporal auffassen: Cäsar überschritt den Rubikon, und danach begann der Bürgerkrieg. Es kann kausal verstanden werden: Cäsar überschritt den Rubikon, und deswegen begann der Bürgerkrieg. Sogar final lässt es sich denken: Cäsar überschritt den Rubikon, um den Bürgerkrieg zu beginnen. Keine der drei Varianten ist in der Kom-

bination zweier Fakten explizit angelegt, keine explizit ausgeschlossen. Die Entscheidung, wie die zu einer Erzählung
zusammengesetzten Fakten verstanden werden, obliegt dem
Rezipienten.

Das bedeutet freilich nicht, dass jeder sich die Welt radikal
nach eigenem Gusto konstruieren kann. Die Cäsar-Erzählung
zeigt, dass es mindestens drei plausible Interpretationen gibt,
sicher auch noch einige weitere, aber nicht unendlich viele.
Dabei lassen sich manche Erzählungen intersubjektiv besser
plausibilisieren als andere, beispielsweise weil sie auf einer
größeren Zahl an Quellenbefunden basieren oder mehr sinnvolle Kontexte einbeziehen. Die intersubjektive Herstellung
von Fakten ist also kein Akt der Beliebigkeit, sondern geleitet von Kriterien, mit denen wir beispielsweise ein historisches Geschehen oder physikalische Phänomene plausibel re-
konstruieren und intersubjektiv beschreiben können. Fakten
werden hergestellt etwa durch Beobachtung, Postulat und
Überprüfung; sie lassen sich – z. B. auf der Basis neuer Quel-
lenfunde – modifizieren, bilden aber eine vergleichsweise so-
lide Basis für Erkenntnis.

Doch der Schritt vom Fakt-Atom zum Erzähl-Molekül ist
ein relativ kleiner. Starke Faktenfokussierung ist zwar ein
lauteres Unterfangen, sie stößt aber oft an Grenzen. Manche
Grenzen sind dabei ‹innerfachlich›, etwa wenn in der eigenen
Disziplin kein ausreichendes methodisches Bewusstsein dafür
besteht, wann die Grenze zwischen Fakt und Erzählung über-
schritten wird (gäbe es dieses Bewusstsein in höherem Maße,
wären beispielsweise mehr als 20 Prozent der präklinischen
Studien in der Biomedizin replizierbar).[10] Andere Grenzen
sind ‹außerfachlich›, etwa in der Klimadebatte. Hier sind sich
praktisch alle Forscher über die Messwerte und deren Bedeutung einig. Doch lange Zeit vertraute man auf die ‹Selbstevi-
denz› der Fakten. Erst als ein fünfzehnjähriges schwedisches
Mädchen kam und die Fakten zu einer Geschichte zusammen-
setzte, konnte sich eine breite Bewegung entwickeln, die die

Relevanz des Themas ‹Klimawandel› für die Weltöffentlichkeit wirksam auf die Tagesordnung setzte.

Wenn also Fakten hoch relevant sind, sie aber erst in Form von Geschichten Überzeugungskraft entfalten, dann bedeutet dies, dass der oft geäußerte Wunsch, man möge sich doch bitte an die Fakten halten, zwar ehrenwert ist, aber nicht zielführend. Und mehr: Wenn Fakten in aller Regel in Form von Geschichten rezipiert werden, ist ein verstärktes Bewusstsein für die Subjektivität dieser Geschichten erforderlich. Die Welt ist kein naturwissenschaftliches Labor, sondern ein bunter sozialer Kosmos, der für jeden Menschen ein klein wenig anders aussieht. Selbst im naturwissenschaftlichen Labor sieht die Welt erstaunlich oft jeweils anders aus, abhängig von Methode, Perspektive und Fragestellung.

Dies hat Auswirkungen sowohl auf die Unterscheidung Fakt vs. Fiktion als auch auf die Sehnsucht nach Authentizität. Die Opposition von Fakt und Fiktion ist keine sinnvolle, weil Fiktion nicht der Gegenpol zum Fakt ist (beim Fakt bewegt man sich auf der Ebene des Atoms, bei der Fiktion auf derjenigen des Moleküls, weswegen sie nicht vergleichbar sind). Stattdessen könnte man (auf Molekül-Ebene) faktuales und fiktionales Erzählen differenzieren. Doch dabei ergibt sich rasch dasselbe Problem, das in diesem Buch für die Rede von Authentizität diagnostiziert wurde: Die Entscheidung über die Frage ‹authentisch oder nicht authentisch› bzw. ‹faktual oder fiktional› erfolgt in hohem Maße nicht auf der Basis des beobachteten Phänomens, sondern aufgrund der Rezeptionserwartungen des Beobachters.

Wenn ein Buch als «Roman» betitelt ist, sind die Rezeptionserwartungen andere, als wenn «Biographie» auf dem Cover steht. Doch mit einer (sofern möglich) aufrichtig beantworteten Umfrage unter Autorinnen und Autoren von Romanen und Biographien ließe sich vermutlich leicht herausfinden, dass Romane erstaunlich viele faktuale Elemente aufweisen, Biographien hingegen erstaunlich viele fiktionale.

Letzteres soll nicht heißen, dass in Biographien gelogen wird (das sicher auch, aber das ist hier nicht das Entscheidende). Es besagt vielmehr, dass erstens sowohl die Anordnung der Fakten-Atome zu einer Geschichte (wie im Cäsar-Beispiel) als auch die individuelle Rezeption die Grenze von faktualem und fiktionalem Erzählen brüchig macht. Damit ist nun keinesfalls Tür und Tor für eine wilde Verwischung von Fakt und Fiktion geöffnet. Es lässt sich sehr leicht und mit guten Gründen intersubjektiv plausibilisieren, dass jemand, der den Holocaust leugnet, großen Quatsch redet. Umgekehrt aber wird bisweilen verkannt, wo die intersubjektive Plausibilität vielleicht nicht so leicht herzustellen ist, wie es scheint – oder zumindest einer potentiellen Interpretation, Neubewertung oder Veränderung unterliegt.

Fazit: Selbstverständlich gibt es Fakten. Sie folgen der binären Opposition ‹wahr/falsch› und sind intersubjektiv plausibilisierbar. Allerdings ist der Schritt vom Fakt zur Geschichte und von dort zur Interpretation im Zuge der Rezeption ein sehr geringer.

Gibt es ‹Fake News›?

Nein. Neben ‹Fakten› hat sich in den vergangenen Jahren die Rede von ‹alternativen Fakten› und ‹Fake News› etabliert. Beides sind hochproblematische Begriffe, die in diesem Buch (und am liebsten auch in allen anderen Kontexten) nicht verwendet werden sollen, aus den folgenden Gründen:

Die Rede von ‹alternativen Fakten› suggeriert, dass neben einem Faktum eine zweite Option existiere, die ebenso gültig sei wie das eigentliche Faktum. Bei konsequentem Gebrauch des Wortes ‹Faktum› ist dies logisch unmöglich. Ein Fakt kann auf ‹wahr/falsch› überprüft werden. Möglich ist, dass die Überprüfung zu keinem Ergebnis führt, beispielsweise weil die Messmethoden nicht gut genug oder nicht alle Infor-

mationen bekannt sind. Nicht möglich hingegen ist die gleichzeitige Existenz eines gültigen Faktums und eines ihm wider-
sprechenden, aber ebenso gültigen ‹alternativen Faktums›.
Eine solche Ko-Existenz lässt sich nicht mit der binären Opposition ‹wahr/falsch› zusammendenken.

Selbstverständlich gibt es unzählige Sachverhalte, die nicht
eindeutig wahr oder falsch sind. In all diesen Fällen ist es besser, nicht von Fakten zu sprechen. Es doch zu tun suggeriert
(autoritativ), es gäbe dazu eine Opposition ‹wahr/falsch›. Außerdem lädt es dazu ein, Fakten generell zu diskreditieren,
beispielsweise eben durch die Etablierung des Nonsense-Be-
griffs ‹alternative Fakten›, der zwar auf punktuelle Ungenauigkeiten der Rede von ‹Fakten› verweisen könnte, tatsächlich
aber meist dafür gebraucht wird, faktisch falsche Behauptun-
gen als Fakten zu tarnen und sich damit die übertriebene Autorität des Begriffs ‹Fakt› zu sichern.

Der Begriff ‹Fake News› wird häufig verwendet, um eine
Darstellung als Falschbehauptung zu kennzeichnen. Hier ist
die Lage noch komplexer, weil es nicht um einzelne Fakten
geht, die sich hinsichtlich der Opposition ‹wahr/falsch› prüfen lassen. Stattdessen steht in aller Regel ein interpretieren-
der Erklärungszusammenhang (also eine Geschichte) zur Debatte. Dies wird häufig übersehen, sowohl von denjenigen,
die mit dem Begriff ‹Fake News› Tatsachenberichte zu diskreditieren versuchen, als auch von denjenigen, die in wohlmei-
nender, doch naiver Art denken, man müsse den ‹Fake News›
nur naturwissenschaftlich fundierte ‹Real News› entgegensetzen, um die Diskurshoheit zurückzugewinnen. Der Gedanke an solche ‹Real News› greift aber in doppelter Hinsicht
zu kurz: (1) in seinem simplifizierenden Wahrheitsglauben
und (2) in seiner Vernachlässigung der Überzeugungskraft
von Geschichten.

(1) Für Fakten gibt es — wie für intersubjektive Authentizität — die Möglichkeit, sie auf ‹wahr› oder ‹falsch› zu überprüfen. Der Gedanke von ‹Real News› nimmt an, dass diese Über-

prüfung auch für komplexere Zusammenhänge ohne weiteres möglich sei. Natürlich gibt es auch komplexe Lügen, die sich auf größere Zusammenhänge beziehen. Auch für faktenbasierte Erzählungen lassen sich daher Plausibilitätskriterien angeben, auf deren Basis sinnvollerweise von mehr oder weniger ‹wahren› Erzählungen zu sprechen ist. Nichtsdestoweniger unterscheiden sich die ‹News› von den ‹Fakten› darin, dass sie einen narrativen Zusammenhang präsentieren und somit einem doppelten Interpretationsprozess unterliegen: indem sie eine Erzählung rings um etwaige Fakten spinnen und indem diese Erzählung von den Rezipienten ihrerseits interpretiert wird. Auch das bedeutet wiederum keineswegs, dass man in Frage stellen kann, ob der Holocaust stattgefunden hat – dessen intersubjektive Plausibilisierung ist auch als Erzählung über die einzelnen Fakten hinaus unproblematisch möglich.

Doch die Vorstellung, man könne in eindeutig wahren Erzählungen kommunizieren, müsse also ‹Fake News› nur ‹Real News› entgegensetzen, um die Welt zu einem besseren Ort zu machen, vernachlässigt die narrative Komponente, die zu Unschärfen führt. Sie verspricht eine schöne neue Welt der Wahrheit und Eindeutigkeit, doch mit manchen Unschärfen müssen wir leben. Sie lassen sich nicht dadurch abstellen, dass man statt in Erzählungen nur noch in Fakten kommuniziert.

(2) Was die Verfechter reiner Faktengläubigkeit darüber hinaus übersehen, ist die Kraft gut erzählter Geschichten. Der Mensch ist kein faktenzählendes Wahrheitstier, sondern ein träges Wesen, das auf dem Sofa liegen und dabei gut unterhalten sein will, Stichwort Netflix. Für die psychologische Überzeugungskraft ist deswegen eine gute Geschichte mindestens ebenso entscheidend wie die zugrundeliegenden Fakten. Selbst wenn es etwa in einer Unternehmensberatung zunächst einmal darum geht, möglichst viele Daten und Zahlen zu erheben und diese in ein vernünftiges Modell zu integrieren, ist am Ende nicht die Prozentzahl unten links auf Seite 38

der Präsentation entscheidend. Stattdessen steht die gut erzählte Geschichte im Zentrum. Im Prinzip sind die Seniorpart-
ner von Beratungen daher hochbezahlte *vates*, Dichter-Seher,
die auf der Basis einiger Einsichten und vieler Annahmen eine
mitreißende Geschichte über die Zukunft erzählen.

Alternative Fakten gibt es grundsätzlich nicht. Die Unterscheidung von ‹Fake News› und der naiven Annahme von
‹Real News› funktioniert hingegen kategorial nicht. News erzählen eine Geschichte. Geschichten aber interpretieren die
Wirklichkeit und werden ihrerseits interpretiert – und sind
deswegen (anders als Fakten) niemals ganz eindeutig, weder
‹fake› noch ‹real›.

Sind Facebook, Instagram und Twitter authentisch?

Es kommt darauf an. Die Frage illustriert ein weiteres Mal das
Dilemma der Rede von Authentizität. Denn es gibt zwei gegensätzliche Antworten: Einerseits lassen sich soziale Medien
als Mittel der Selbstdarstellung und -inszenierung verstehen;
sie wären damit gerade nicht Ausdruck des ‹authentischen›
Menschen dahinter, sondern Teil einer reflektierten, bewussten,
komponierten Präsentation. Andererseits lassen sich soziale
Medien auch als besonders authentische Kommunikationsform
des Einzelnen beschreiben, weil sie zumindest vordergründig
wenig Aufwand erfordern (ein Bild ist schnell gemacht und
gepostet), die Zugangshürden niedrig sind (jeder kann sich
einen Account zulegen) und die Distanz zwischen Sender und
Empfänger gering ist (der Tweet stammt von Donald Trump
selbst, nicht von seiner Pressesprecherin, der PR-Agentur
o. ä.). Ein Foto, das ich auf Instagram meinen Followern und
der Welt präsentiere, gibt also von mir selbst – je nach Lesart –
besonders viel oder besonders wenig preis.

Die sozialen Medien unterstreichen damit, dass die Wahrnehmung von Authentizität rezipientenabhängig ist. Ob ich

die Bilder, die Bastian Schweinsteiger von seiner Hochzeit postet, für besonders authentisch halte, hängt primär von meinen Vorstellungen einer Schweinsteiger-Hochzeit ab, nicht von deren tatsächlichem Ablauf. Selbst der vielfach gängige ‹Blick hinter die Kulissen› mit der Präsentation kleinerer Fehler, Missgeschicke o. ä. (‹Bonus-Material›) ist inzwischen so sehr Teil des Inszenierungsprogramms, dass er – je nach Rezipient – beide Extreme der Authentizitätszuschreibung erzeugen kann: den Eindruck maximaler Aufrichtigkeit oder den maximaler Künstlichkeit. Die Kommunikation mittels scheinbar authentischer Medien und Formate ist nicht notwendigerweise tatsächlich authentisch. Fotos, denen wir intuitiv einen höheren Wahrheitswert zuschreiben, lassen sich nicht als Authentizitätsindikatoren einsetzen, weil sie bearbeitet oder gefälscht werden können. Wer den scheinbar Nähe erzeugenden Twitter-Account tatsächlich bedient (ob der Star oder nur die Pressestelle), wissen wir in der Regel nicht. Und selbst wenn der Star höchstpersönlich den Tweet absetzt, lässt sich nicht beurteilen, wie aufrichtig, spontan, ehrlich er ist.

Für den nicht prominenten Standardnutzer sozialer Medien ist eine weitere Facette in der Authentizitätsdiskussion einzubeziehen: Soziale Medien tragen potentiell zu einer Vereindeutigung der Persönlichkeit bei. Sofern die Nutzung nicht stark individualisiert gestaltet ist (z. B. auf Facebook durch den spezifizierten Zuschnitt der Inhalte auf unterschiedliche Freundeskreise) oder nur für einen konkreten Zweck gebraucht wird (z. B. auf Twitter für eine rein professionelle Präsentation beruflicher Tätigkeit), führen soziale Medien dazu, dass ein potentiell diverses soziales Umfeld ein einheitliches Bild der Person vermittelt bekommt. Wo in der analogen Welt die räumliche und zeitliche Trennung verschiedener Aktivitäten und sozialer Interaktionen es zulässt, dass Individuen verschiedene Rollen von sich entwerfen (zu Hause verhalte ich mich anders als bei meinen Stammtisch-Freunden, mit meiner Chefin spreche ich anders als mit meinem Patenkind), da trägt die vereinheitlichte Präsentation eines einzigen Profils vor all diesen Gruppen dazu bei, bestimmte Wesenszüge nicht auszuleben oder zumindest nicht in den Vordergrund zu rücken.

Denn das eigene Verhalten wird auf allumfängliche, nicht nur auf situationskonforme Adäquatheit befragt: Was ich am Sonntag mit meiner Schwiegermutter unternehme (und im sozialen Medium präsentiere), muss zu dem Bild passen, das meine Kinder, mein Arbeitgeber und meine Freunde vom Kleintierzuchtverein von mir haben. Auch hierfür gilt die Authentizitätsindifferenz sozialer Medien – diese sind nicht per se authentischer oder weniger authentisch als andere Ausdrucksformen. Die Reduktion einer Person auf eine vergleichsweise einheitliche Außendarstellung kann also entweder authentisch oder künstlich wirken. Wie sie tatsächlich wahrgenommen wird, hängt weniger von der Person selbst ab als von dem Bild, das andere sich von ihr machen.

Welche Funktion hat der Rechtsstaat?

In einem Beitrag für die *Süddeutsche Zeitung* schrieb Jagoda Marinić im März 2020: «Den Geist von ‹Me Too› fand man diese Woche in einem offenen Brief von Rowohlt-Autoren, die von ‹ihrem Verlag› fordern, Woody Allens Autobiografie nicht zu publizieren. Sie schreiben: ‹Wir haben keinen Grund, an den Aussagen von Woody Allens Tochter Dylan Farrow zu zweifeln.› So funktioniert der Rechtsstaat nicht, rufen die Kritiker empört. Das stimmt. Doch so funktioniert ‹Me Too›. Den Opfern beistehen, die Täter zur Verantwortung ziehen.»[11] Explizit sagt sich Marinić in ihrer Kolumne zu Missbrauchsvorwürfen gegen Woody Allen von den Mechanismen des Rechtsstaates los. Sie billigt bestimmte (im Ziel voll und ganz berechtigte) Bestrebungen, auch wenn diese jenseits des Rechtsstaates agieren.

Ihr einziges Argument ist die Berufung auf die behauptete

Glaubwürdigkeit einzelner Beteiligter: auf die Authentizität ihrer Aussagen. Ein Gericht freilich macht nichts anderes, als die Aussagen der Beteiligten zu prüfen. Anders als die Autoren eines offenen Briefes aber hat das Gericht die Möglichkeit, Aussagen aus erster Hand zu erhalten, alle notwendigen Fakten zu prüfen und als Institution unbefangen zu urteilen. Andere Menschen haben diese Möglichkeit nicht in derselben Form. Auf sie zu verzichten und an ihre Stelle die gefühlte Authentizität einer Aussage als Beweis zu setzen, zeigt, an welchen Stellen die Authentizitätssehnsucht nicht nur sinnlos, sondern hochgefährlich ist.

Indem Aktivistinnen und Aktivisten wie Marinić das Gefühl an die Stelle des Rechts setzen und die schlüssige juristische Beweisführung geringer schätzen als die empfundene Authentizität einer Aussage, schaden sie ihrer eigenen Sache: Sie machen es solchen Menschen unmöglich, sich auf ihre Seite zu stellen, die ihre Ziele teilen, nicht aber die Methoden – Menschen, die beispielsweise den sexuellen Missbrauch von Macht mit aller Schärfe missbilligen, die aber das Urteil darüber, wann eine solche Missbilligung ein valides Ziel trifft, den dafür zuständigen Institutionen des Rechtsstaates überlassen wollen. Gefühlte Authentizität als Ersatz für das Argument zu nehmen ist in Recht, Wissenschaft und Gesellschaft eine Bankrotterklärung.

Gab es das nicht alles schon einmal?

Ja. Zu Recht meldet sich in fast jeder wissenschaftlichen Diskussion jemand und sagt (unabhängig vom konkreten Thema), dass das alles so schon bei Homer stehe. Zwar wiederholt sich Geschichte nie, doch die Grundfragen des Menschen sind seit der Antike erstaunlich konstant – und damit auch die Strukturen, die philosophische Diskussionen, literarische Texte oder sozialgeschichtliche Erklärungsmuster prägen. Geht man von einer solchen Kontinuität im Denken aus, dann lässt sich die Geschichte (neben zahlreichen anderen Ordnungsmustern) als Wechsel von ambiguitätsaffinen und authentizitätsaffinen Phasen beschreiben. Während Erstere Widersprüchlichkeiten in der Darstellung, im Leben und im Erleben nicht zu reduzieren suchen, sondern als ästhetischen, gesellschaftlichen oder persönlichen Mehrwert schätzen, halten Letztere die Ideale der Eindeutigkeit und der Klarheit hoch.

Im Barock etwa – einer in hohem Maße ambiguitätsaffinen Zeit – geht es nicht darum, Gefühle aufrichtig-emotional auszusagen, sondern sie im Rahmen einer rhetorischen Tradition zu formulieren. Am besten über Liebe spricht nicht derjenige, der sein ‹wahres› Gefühlsleben möglichst unverstellt beschreibt, sondern derjenige, der die interessanteste Neukombination von Gedichtform, literarischen Topoi, rhetorischen Figuren, ironischem Augenzwinkern und überraschender Wendung am Ende des Textes erschafft.

In der Aufklärung hingegen tritt ein klar definiertes Ziel an die Stelle des unverbindlichen Spiels: der vielzitierte Ausgang des Menschen aus seiner selbst verschuldeten Unmündigkeit. Nun geht es nicht länger um ein zyklisches Weltverständnis, das sich desselben Materials bedient, um dieses in neuen Kombinationen zusammenzufügen und daraus überraschende Momente abzuleiten; ein lineares Weltmodell tritt an seine Stelle, das eine (schlechte) Vergangenheit einer (positiv verstandenen, offenen) Zukunft gegenüberstellt, auf die man sich hoffnungsfroh hinbewege. In Zukunft wird der Mensch mündig sein, aufgeklärt und weise. Nicht zufällig ist die mit Klarheit verbundene Lichtmetapher zentrales Symbol aufklärerischer Ideen. In den Sinnsprüchen einiger Universitäten hat sich dieses Symbol bis heute gehalten. So wird etwa in Yale unter dem Motto «lux et veritas» geforscht: Licht und Wahrheit stehen gleichberechtigt nebeneinander.

Ambiguität und Authentizität als Konzepte der Welterklärung wechseln einander also regelmäßig ab. Aus Aufklärern werden Romantiker, aus Pluralitätsbefürwortern Eindeutigkeitsfanatiker. Und umgekehrt. Es gibt eine Genealogie der Authentizität.

Wer sind die Urenkel der Nihilisten?

Als «Urenkel der Nihilisten»[12] bezeichnen sich die Protagonisten Ada und Alev in Juli Zehs bereits erwähntem Roman *Spieltrieb*. Sie begründen damit eine ideengeschichtliche Genealogie, die vom 19. Jahrhundert bis in die Gegenwart reicht. Es lohnt sich, einen kursorischen Blick auf die Generationen dieser ‹Familiengeschichte› zu werfen, denn sie erzählen – hier freilich nur in einer sehr groben Skizze – die Vorgeschichte der gegenwärtigen Sehnsucht nach Authentizität und illustrieren den Wechsel von ambiguitäts- und authentizitätsaffinen Phasen:

1887: Zur Genealogie der Moral. Der Nihilist, ohne den seine «Urenkel» nicht denkbar wären, ist der selbsternannte «Antichrist» Friedrich Nietzsche. Er beschreibt Werte als historisch entstanden und damit als nicht überzeitlich gültig, sondern als veränderlich und deshalb auch als immer neu zu verhandeln. Mit seiner Kritik wendet Nietzsche sich insbesondere gegen das Christentum, etwa wenn er seiner Quasi-Autobiographie den Titel *Ecce Homo* (1888) gibt und sich damit auf eine Stufe mit Christus stellt oder wenn er sich in seinen letzten Lebensjahren als lebensbejahenden Dionysos stilisiert, der sich gegen das asketische Christentum erhebe. Für Nietzsche lässt sich von Authentizität als Pose sprechen: Indem er behauptet, Dionysos zu sein, fingiert er eine ‹authentische› Wiederkehr des griechischen Gottes in seiner Person, ohne dass sie ‹tatsächlich› als authentisch gedacht wäre.

1930: Der Mann ohne Eigenschaften. Eine gute Generation später – wofür hier exemplarisch Robert Musil stehen soll – ist der Furor der Nihilisten abgeklungen, aber keinesfalls folgenlos geblieben. Die Literaten nach der Jahrhundertwende gehen ironisch auf Distanz zur Realität, um diese sprachlich fassen zu können. Im berühmten Eingangskapitel zu seinem Roman *Der Mann ohne Eigenschaften* beschreibt Musil «ein[en] schöne[n] Augusttag des Jahres 1913»[13] mit exakt dieser ‹realistischen› Formulierung. Er tut dies allerdings erst, nachdem er eine halbe Seite lang die Möglichkeiten einer realistischen Darstellung ironisch hinterfragt hat. Seine Beschreibung des schönen Augusttags setzt sich zusammen aus einer scheinbar hochexakten naturwissenschaftlichen Schilderung des Wetters («Die Isothermen und Isotheren taten ihre Schuldigkeit») und deren Ironisierung, denn natürlich sind die meteorologischen Phänomene niemandem etwas ‹schuldig›. Musils Roman kann damit stellvertretend für eine reflektierte Form von Authentizitätsdarstellung gelesen werden, die ihre Grenzen mit abbildet. Indem sie auf die Differenz von Darstellung und Dargestelltem verweist, kann sie zwar nicht als authentisch im Sinne von ‹auf einen wahren Kern verweisend› verstanden werden, aber potentiell als authentisch im Sinne einer Wahrhaftigkeit, die die eigenen Aporien explizit ausstellt.

1967: Grammatologie. Dies ändert sich eine weitere Generation später. Mit Poststrukturalismus und Dekonstruktion brechen sich ab den 1960er Jahren geistesgeschichtliche Strömungen Bahn, die an keinen Weltbezug von Zeichen mehr glauben. Berühmt ist Jacques Derridas Diktum «il n'y a pas de hors-texte»,[14] dem zufolge Zeichen nicht transparent sind für eine Wirklichkeit jenseits des Textes – was nicht heißt, dass es diese nicht gibt. Das Konzept der Authentizität ist für den Poststrukturalismus sinnlos, weil das essentialistische Postulat fehlt: Die Aktivität des Beobachters beschränkt sich darauf, von Zeichen zu Zeichen zu springen, ohne dass irgendeines dieser Zeichen auf die Welt verweisen würde. Beispielhaft dafür steht das Ende von Ecos Roman *Der Name der Rose*, der mit dem (Bernard von Cluny entlehnten) Zitat schließt: «nomina nuda tenemus»,[15] nichts als ‹nackte Namen› bleiben uns, nur die Bezeichnungen ohne das bezeichnete Objekt.

2004: Spieltrieb. Erst die Urenkel der Nihilisten fragen sich, wie sie das verlorene Objekt zurückgewinnen können. Juli Zehs Protagonisten in *Spieltrieb* wissen um ihre Eltern, Groß- und Urgroßeltern Postmoderne, Ironie, Nihilismus. Sie radikalisieren sie sogar: Indem sie ihr eigenes Leben als Spiel begreifen, überführen sie das Postulat der Postmoderne in ihre Lebenswelt – in das «hors-texte». Die Konsequenz, die Zeh für dieses fiktionale Experiment entwirft, ist doppelt spannend: Zunächst setzt sich im Roman – angestoßen durch die Protagonisten – die Umwertung der Werte sukzessive auch bei den anderen Figuren durch. Dann aber ist nicht das Realität gewordene Spiel das letzte Wort des Romans, sondern eine (am Horizont aufscheinende) Hoffnung, in der Welt doch auf der Basis feststehender Gewissheiten Fuß fassen zu können. Am Ende lässt Zeh ihre Protagonisten als Liebespaar mit dem Auto gen Horizont fahren – und leitet damit eine Bewegung ein, die in den folgenden Jahren immer stärker um etwas kreisen wird, das an die Stelle der Postmoderne getreten ist: einen neuen Realismus, eine Literatur des Authentizitätspostulats.

Was verbindet Eigentlichkeit und Metaphysik?

Im Jahr 1964 veröffentlichte Theodor W. Adorno einen längeren Aufsatz mit dem Titel *Jargon der Eigentlichkeit*. Sein Ziel war eine harsche Abrechnung mit denjenigen, die sich einer bestimmten Rede- und Denkweise bedienten – eben des ‹Jargons der Eigentlichkeit›. Adornos Diagnose lautet, dass in solchem Sprechen vermeintlich «der ganze Mensch rede», dass die Kommunikation «für eine Wahrheit» werbe, dass die Worte klängen, «wie wenn sie ein Höheres sagten», «sakral ohne sakralen Gehalt».[16]

Als prominentesten Vertreter dieses Jargons führt Adorno Martin Heidegger an. Dieser fragt etwa in seiner Schrift über den *Ursprung des Kunstwerkes* nach dessen «Wesensherkunft» und bedient sich dabei der sprachlichen und argumentativen Mittel, die Adorno kritisiert: «Die Kunst west im Kunstwerk. […] Um das Wesen der Kunst zu finden, die wirklich im Werk waltet, suchen wir das wirkliche Werk auf und fragen das Werk, was und wie es sei.»[17] Die Bezugnahme auf ein wahres, ein wirkliches Wesen, das im Kunstwerk (quasi von Natur aus) an-wesend sei, steht exemplarisch für die von Adorno angeführten Aspekte: Hier scheint es, als offenbare sich im Kunstwerk eine höhere Wahrheit, die auf einen metaphysischen Kern verweise (obwohl sie einen solchen bestreitet): «Die Wahrheit richtet sich ins Werk», «[e]ine der Weisen, wie Wahrheit geschieht, ist das Werksein des Werkes.»[18]

Die Rede vom ‹Authentischen› unterscheidet sich kaum von diesem Jargon der Eigentlichkeit, von dieser gleichzeitig ‹lichtenden› und ‹verbergenden› Wahrheit.[19] Sie teilt die rhetorischen und argumentativen Voraussetzungen mit der Rede vom «Ursprung des Kunstwerkes». In beiden Fällen wird behauptet, hinter die Phänomene blicken zu können und dort ein ‹wahres› Wesen zu sehen. In beiden Fällen bedarf dieser Vorgang eines bestimmten Geschultseins, sei es im Durchschauen sprachlicher Strukturen, sei es im Erkennen spezifischer Authentizitätssignale. Und in beiden Fällen wird in der Unterscheidung zwischen Schein und Sein Letzteres präferiert: «Explizit oder implizit setzt die Entscheidung für die Eigentlichkeit einen Glauben an die Natur als kosmologische Ordnung voraus und folglich eine quasi religiöse Achtung vor allen traditionellen Formen oder Strukturen, die man als solche erkennen kann.»[20]

Im Prinzip ist das Authentische daher die Rückkehr des Metaphysischen in einer Zeit der transzendentalen Obdachlosigkeit. Wo Nietzsche und im Anschluss an ihn der Poststrukturalismus die Historizität der Werte und die Beliebigkeit jedes metaphysischen Zentrums postuliert hatten, da reagierten die Existenzialisten von Kierkegaard über Heidegger bis Camus mit einer Hinwendung zum Subjekt, zu dessen existenziellem ‹Geworfensein› und dem Fokus auf das wahre Seiende. Die Sehnsucht nach Authentizität schließt daran an, indem sie das Metaphysische in die Dinge verlegt. Das Authentische ist damit zugleich metaphysische Sehnsucht und metaphysisches Zentrum des frühen 21. Jahrhunderts.

EHRLICHE MENSCHEN?
AUTHENTIZITÄT IM VERHALTEN
DES INDIVIDUUMS

In den beiden vorangegangenen Kapiteln habe ich die Karriere der Sehnsucht nach Authentizität zunächst in Literatur und Kultur, dann in politisch-medialen Zusammenhängen aufzuzeigen versucht. Ein drittes Kapitel gilt nun der Authentizität als Sehnsucht im Verhalten des Individuums und richtet den Blick beispielsweise auf die Konstruktion von Geschlechterrollen, essentialistische Menschenbilder, das Verhältnis des Einzelnen zu seiner Generation oder auf ein Authentizitätsstreben auch in den privatesten Sehnsüchten und Tätigkeiten.

Wann ist ein Mann ein Mann?

Wenn er der gesellschaftlichen Norm für ‹männlich› entspricht. Kein Beispiel illustriert das Paradox der Rede vom ‹Authentischen› so gut wie dieses. Und keines dürfte so kontrovers sein. Auf der einen Seite nämlich erweitert die Annahme ‹authentischer› Männlichkeit oder Weiblichkeit das Verhaltensspektrum von Individuen beträchtlich. Auf der anderen Seite reduziert sie es auf das, was einer bestimmten gesellschaftlichen Norm entspricht.

Die Annahme geschlechtsspezifischer Eigenschaften und die Lizenz, sich auf diese zu berufen, vergrößern das Verhaltensspektrum in solchen gesellschaftlichen Zusammenhängen, in denen Individuen bestimmte bestehende Normen oder

Regeln modifizieren möchten. Wenn im Berufsleben Distanz und emotionale Kälte üblich sind, kann der Wunsch, sich im Beruf ‹authentisch weiblich› zu verhalten, eine positive Veränderung hin zu mehr Nähe und Verständnis herbeiführen: dann nämlich, wenn diese Eigenschaften im kulturellen Verständnis als spezifisch weiblich verankert sind. Die Forderung nach einer stärkeren Beachtung des ‹authentisch Weiblichen› hat dann zur Folge, dass Handlungsoptionen realisiert werden, die für alle Beteiligten (auch für Männer) von Vorteil sind, die aufgrund starrer Strukturen aber ohne den Anspruch, eine bestimmte geschlechtliche Identität authentisch leben zu wollen, nie verwirklicht worden wären. Wenn in Konferenzen weniger Macho-Gehabe praktiziert wird und mehr sachbezogene Arbeit am Kompromiss, weil Kompromissfähigkeit als ‹weiblich› gilt, profitieren davon Frauen wie Männer gleichermaßen.

Die Kehrseite der Medaille besteht darin, dass das, was als authentisch weiblich oder männlich aufgefasst wird, sich nicht selten aus gesellschaftlichen Klischees speist. Werden diese positiv gewendet und für die eigene Argumentation eingesetzt, zementiert dies die Klischees, obwohl sie eigentlich überwunden werden sollen. Die Behauptung, dass Nähe und Emotionalität zentraler Wesensbestandteil von Frauen seien, hat zur Folge, dass jahrhundertealte Stereotype über Frauen weiter Nahrung erhalten: Sollte sich die Frau nicht doch um die Familie kümmern, anstatt zu arbeiten, wenn sie sich so stark durch Begabung zu Nähe und Emotion auszeichnet? Was über das Authentizitätsparadigma vordergründig zu einer Liberalisierung individuellen Verhaltens führt (es werden mehr Verhaltensoptionen in einem bestimmten gesellschaftlichen Bereich geschaffen), bewirkt durch die Hintertür eine Festigung der Klischees, die die Reduktion der Verhaltensoptionen ursprünglich überhaupt erst (mit)verursacht haben.

Strukturell vergleichbar wurde die Situation für Edouard Louis' Roman *Das Ende von Eddy* beschrieben. Auch darin geht es um die Befreiung von gesellschaftlichen Zwängen, die – in diesem Fall – homosexuellen Menschen einer bestimmten sozialen Schicht in einer Region auferlegt sind. Indem die Freiheit schlussendlich aber darin besteht, sich an höchst stereotypen Vorstellungen auszurichten, wie ein homosexueller Mensch sich verhalte, wird die vordergründig gewonnene Freiheit in vielleicht größerem Maße wieder eingeschränkt.

Es genügt, einige historische Beispiele aufzulisten, um zu illustrieren, wie schnell die Rede von angeblich ‹männlichen› und ‹weiblichen› Wesenseigenschaften in der Aporie landet und jeder das unter den Begriffen versteht, was ihm gerade in den Sinn kommt: «Echt weiblich ist bei ihr [...] das Herz, nicht der Verstand [...]»,[1] «echt weiblich [ist] bei ihr das Bedürfnis des Anlehnens».[2] «Da das Wesen des Mannes der Geist, das der Frau das Herz ist, so kann ich mir wohl eine beschränkte Frau denken, die echt weiblich, nicht aber einen beschränkten Mann, der echt männlich erschiene.»[3] Zahllose weitere Charakterisierungen ließen sich ergänzen, um zu zeigen, wie stark die Rede von Geschlechtscharakteristika durch Stereotype geleitet ist.

Nichtsdestoweniger demonstriert die Berufung auf ‹authentische› Eigenschaften, die bestimmte Personen oder gesellschaftliche Gruppen angeblich besitzen, das Potential des normativ verstandenen Authentizitätsbegriffs, gegen Diskriminierung vorzugehen. Wenn es gesellschaftlich geächtet ist, Menschen aufgrund von Wesensmerkmalen zu diskriminieren, hilft die aktive Subsumierung von Eigenschaften oder Verhaltensweisen unter besagte Wesensmerkmale dabei, der Diskriminierung vorzubeugen. Die Frage ist allerdings, ob das mittel- bis langfristige Ziel nicht sein sollte, in einer Gesellschaft zu leben, in der jede Unterscheidung aufgrund von Wesensmerkmalen überflüssig wird, weil keine Diskriminierung mehr erfolgt. Wünschenswert ist nicht eine Welt, in der Frauen ‹authentisch› Frauen und Männer ‹authentisch› Männer sein dürfen, sondern eine Welt, in der jedem (unabhängig von seinem Geschlecht) die Freiheit zugestanden wird, sich ebenso frei zu verhalten wie alle anderen Individuen in einem bestimmten Kulturkreis.

Wünschenswert ist aber auch – um damit schon das Plädoyer für Ambiguitätstoleranz vorzubereiten –, die Welt nicht aller Differenzierungen zu berauben. Schließlich kann es durchaus erheiternd sein, bei einem ‹Mädelsabend› über Männer zu lästern oder als Bayer einen Österreicherwitz zu machen. Sofern sie auf einer grundsätzlich positiven Anerkennung des jeweils Anderen beruhen, sind Differenzierungen nicht notwendigerweise schlecht. Doch sie laufen – wie alle binären Oppositionen – Gefahr, den einen Pol der Opposition abzuwerten, weswegen dic Grenzen der Differenzierung im Akt der Differenzbildung stets mitreflektiert werden sollten.

Fazit: Es gibt keine authentisch männlichen oder weiblichen Eigenschaften. Es gibt Eigenschaften, die zu bestimmten Zeiten in einer bestimmten Kultur als solche angesehen werden. Ein Plädoyer für die Anerkennung authentischer Geschlechtermerkmale muss daher ins Leere laufen. Nichtsdestoweniger tragen Kategorisierungen zur Ordnung der Dinge bei und sind deswegen manchmal unumgänglich. Wichtig ist, sich ihrer Grenzen bewusst zu sein, beispielsweise ihrer historischen oder kulturellen.

Wann ist ein Mensch ein Mörder?

«Mörder ist, wer aus Mordlust, zur Befriedigung des Geschlechtstriebs, aus Habgier oder sonst aus niedrigen Beweggründen, heimtückisch oder grausam oder mit gemeingefährlichen Mitteln oder um eine andere Straftat zu ermöglichen oder zu verdecken, einen Menschen tötet.»[4] So lautet der sog. Mordparagraph (StGB §211, Abs. 2), eine der bekanntesten und berüchtigtsten Normen des deutschen Strafgesetzbuchs.

Das Berühmt-Berüchtigte verdankt der Paragraph nicht nur seinem Ursprung im Nationalsozialismus und der Vorliebe des Fernsehpublikums für *Tatort*, *Polizeiruf* und Co., sondern auch einer Debatte über seine konkrete Formulierung. Strittig sind nicht nur die Tatbestandsmerkmale, sondern auch die ersten zwei – scheinbar unscheinbaren – Wörter «Mörder ist».

Wenn eine Definition die Struktur «x ist, wer …» verwendet, zielt sie auf eine essentialistische Eigenschaft. Die Alternative «Wegen Mordes verurteilt wird, wer …» würde dagegen die Tat, nicht das Wesen des Täters in den Blick nehmen. Dabei handelt es sich nur vordergründig um Wortklauberei, denn der Unterschied ist gravierend. Wenn ich einen Menschen töte und diese Tat die Tatbestandsmerkmale des Mordes erfüllt, verdiene ich es zweifellos, nach den Kriterien des Mordes bestraft zu werden. Zumindest aber in den Ländern, die keine faktisch lebenslange Freiheitsstrafe vorsehen, sondern beispielsweise ‹nur› eine Haftstrafe von fünfzehn Jahren, gibt es für den Täter ein Leben nach der Strafe.

Für dieses Leben nach der Strafe erlaubt die zweite Formulierung («Wegen Mordes verurteilt wird, wer …») einen Neuanfang. Ich wurde zwar wegen Mordes verurteilt, aber ich habe meine Strafe verbüßt und bin deswegen – sofern ich nicht erneut straffällig werde – ein freier Mensch. Die gesamte Möglichkeit einer Resozialisierung hängt an diesem Denken. Wenn ich hingegen ‹wesenhaft› ein Mörder bin («Mörder ist, wer …»), dann bleibe ich ein Mörder, auf immer und ewig. Ein Rechtssystem, das diese Option vorsieht, verfährt radikal kategorial. Eine auf Authentizität (und damit verbundene Wesenseigenschaften) abzielende Denkweise muss dies befürworten: Im Moment des Mordes habe ich mein ‹wahres Wesen› gezeigt, und deswegen verdiene ich, dass ich bis zu meinem Tod (und darüber hinaus) mit dem Attribut ‹Mörder› bezeichnet werde – weil dies meinem Wesen ‹authentisch› entspricht.

Hier könnte man erstens einwenden, dass der ‹Mörder› im

Moment der Tat vielleicht gar nicht er selbst gewesen sei, so dass die Tat nicht authentisch für sein wahres Wesen stünde. Doch dieses Argument funktioniert nicht: Das Gesetz sieht durchaus den Fall vor, dass jemand im Moment einer Tötung nicht ‹er selbst› gewesen ist, beispielsweise weil er unter Drogeneinfluss gehandelt hat. In diesen Fällen aber ist die Verurteilung wegen Mordes gerade ausgeschlossen. Es bleibt also bei der essentialistisch-authentischen Perspektive auf den Mörder.

Zweitens könnte man die Norm zu retten versuchen, indem man auf das oben erläuterte Konzept der relativen Stabilität zurückgreift: So wie ich im Zustand einer Krankheit zwar authentisch für den Zustand der Krankheit bin, nicht aber authentisch als gesunder Mensch, so ist der Mörder im Moment des Mordes authentischer Mörder, nicht aber in der Zeit davor und danach. Die Formulierung im Strafgesetzbuch würde sich also in ihrer essentialistischen Ausprägung nur auf einen bestimmten Zeitpunkt beziehen. Doch auch das Konzept relativer Stabilität funktioniert nicht, weil es, wie oben gezeigt, die Konstruiertheit des Authentizitätsbegriffs beibehält.

Die Formulierung «Mörder ist, wer …» transportiert also ein bestimmtes Menschenbild – und zwar eines, das (wie oft, wenn von ‹authentischen Eigenschaften› die Rede ist) nur sehr wenig Raum für Einsicht, Entwicklung und Veränderung lässt. Es handelt sich um ein verurteilendes, nicht ein urteilendes Menschenbild.

Wie wird man, was man ist?

Friedrich Nietzsches Schrift *Ecce Homo* trägt den Untertitel: *Wie man wird, was man ist.*[5] «Ecce Homo» sind die Worte, die Pontius Pilatus über Christus sagt; der Untertitel stammt aus der zweiten *Pythischen Ode* des griechischen Dichters Pindar. Mit Titel und Untertitel spielt das Werk auf die Fragen nach Wahrheit und Subjekt an. Doch während Aphorismensammlungen und Internet-Zitatbörsen dies meist als Aufforderung zu authentischem Sein präsentieren («Werde, der du bist!»),[6] zeigt ein genauerer Blick auf Nietzsches Rolle in der Geschichte der Authentizität, dass die Dinge komplexer liegen.

Insbesondere in seinem Spätwerk betont Nietzsche, wie stark das menschliche Leben durch Masken, Rollen und allenfalls momenthaft aufblitzende, subjektive Wahrheiten geprägt sei. Nietzsche setzt die Rollenwechsel auch performativ um: Einen Brief an Catulle Mendès signiert er nicht mit seinem eigenen Namen, sondern als griechischer Gott «Dionysos».[7] Eine ähnliche Grenzüberschreitung zwischen Autor und Figur wählt er in *Ecce homo*: «Dergleichen ist nie gedichtet, nie gefühlt, nie *gelitten* worden: so leidet ein Gott, ein Dionysos.»[8] Die Schicksale, die Nietzsche in seinem Spätwerk schildert, sind nicht nur die Schicksale literarischer Figuren, sondern auch diejenigen einer fiktionalen Inszenierung der ‹Figur› Nietzsche sowie – angeblich – des realen Autors Nietzsche. Auf diese Weise wird die Position der Sprechinstanzen uneindeutig: Die Figuren in den Texten nähern sich dem Autor an, dieser Dionysos.

Nietzsche nutzt Philosophie und Literatur folglich gerade nicht, um ein ‹authentisches› Bild seiner selbst zu entwerfen. Stattdessen dienen sie ihm dazu, Subjekt-, Rollen- und Wertvorstellungen unverbindlich auszuprobieren: Hier können Werte etabliert und umgewertet werden, Stimmen sprechen und einander widersprechen, Ideen skizziert und durchgestrichen werden.[9] Dies führt dazu, dass nicht nur die Dichtung, sondern auch die ‹Autobiographie› *Ecce Homo* keine Rückschlüsse über den realen Autor Nietzsche zulässt, sondern allenfalls über die (wechselnden) Figuren, als die er sich entwirft.

Eine radikale Uneigentlichkeit des Sprechens ist die Folge. Thomas Mann sagt dazu: «Wer Nietzsche ‹eigentlich› nimmt, wörtlich nimmt, wer ihm glaubt, ist verloren.»[10] Weder lassen sich die Texte einem systematisch erarbeiteten ‹Ergebnis› der Interpretation zuführen noch können sie biographisch als ‹Produkt des Wahnsinns› in ihren Widersprüchen erklärt werden. Und doch liegt kein postmodernes Spiel der Beliebigkeit, kein Freibrief zur Dekonstruktion vor, wie Jürgen Habermas kritisch behauptet hat.[11] Nietzsches späte Texte lassen sich durchaus interpretieren – auch und gerade vor dem Hintergrund der Authentizitätsdebatte –, allerdings nicht im Sinne einer eindeutigen Aussage.

Zentrales Thema etwa von Nietzsches letztem Text, den *Dionysos-Dithyramben*, ist das auf Platon verweisende Verhältnis von Wahrheit und Lüge. Der Dichter wird dem Philosophen gegenübergestellt, «blendende Sonnen-Gluthblicke» verhöhnen ihn: «Der Wahrheit Freier – du?»[12] Durch den Gegensatz zum Philosophen, dem ‹Freund der Wahrheit›, wird der Dichter erniedrigt: «Nur Narr! Nur Dichter!» Doch das «nur», das dem Narren und Dichter beigegeben ist, kann man anstelle einer Abwertung auch als positiv-verstärkend verstehen. Entweder ist die als Narr und Dichter bezeichnete Figur nichts weiter als Narr und Dichter – oder sie besitzt Fähigkeiten, die nur ein Narr und Dichter hat.

Wenn in den *Dionysos-Dithyramben* zudem von «Einer Wahrheit» («Einer» groß geschrieben) die Rede ist, greift dies den Gegensatz von Philosoph und Dichter erneut auf. Aus der Perspektive des Philosophen liegt die Betonung auf der ‹einen und einzigen› Wahrheit, der Dichter hingegen legt den Akzent darauf, dass es sich nur um eine Wahrheit unter vielen handelt. Beides machen die *Dionysos-Dithyramben* plausibel: Eine einzige Wahrheit gibt es für das Subjekt in bestimmten Momenten. Viele Wahrheiten aber existieren, weil jede Wahrheit prekär ist und wieder in sich zusammenfallen kann.

Folglich gibt es auch nicht ein ‹authentisches› Subjekt, sondern eine Vielzahl von Ichs, die sich – je nach Zeitpunkt und Situation – neu erfinden. Die *Dionysos-Dithyramben* stehen damit exemplarisch für Nietzsches ‹Umwertung der

Werte». Sie bringen zum Ausdruck, was man als «dionysische Philosophie»[13] bezeichnen kann: ein Weltverständnis, das sowohl das eigene Leben als auch dessen Vernichtung (und Neu-Erfindung) bejaht, weil beides Teil eines ewigen, nicht zu trennenden Kreislaufs ist. Nietzsche ist daher gerade keine Gallionsfigur der Authentizität. Stattdessen rückt er das Rollen- und Maskenhafte, das Infrage-Stellen und Neu-Erfinden des eigenen Ichs, die Lust an Dekonstruktion und Rekonstruktion in den Vordergrund seiner Werke.

What is the Question of Nigga Authenticity?

Neben der Zuteilung zu spezifischen Persönlichkeitskategorien auf der Basis von angeblichen Wesensmerkmalen ist für das Streben nach Authentizität im Verhalten des Individuums häufig die Zuordnung zu einer bestimmten gesellschaftlichen Gruppe entscheidend. Als ein Beispiel unter vielen seien Hip-Hop und Rap mit der Gruppe der ‹Niggas› in den Blick genommen.

Der Begriff ‹Nigga› hat eine ähnliche Karriere hinter sich wie das Wort ‹schwul›. Obwohl er im Ursprung denunziatorisch-abwertend gemeint ist, haben die damit bezeichneten Gruppen ihn sich zu eigen gemacht. Indem sie sich aktiv und affirmativ als etwas bezeichnen, das sie eigentlich abwerten soll, erobern sie nicht nur einen Begriff für sich, sondern auch die Deutungshoheit über ihre Identität. Wenn ein Homosexueller sich selbst als ‹schwul› bezeichnet, liegt es in seiner Macht, damit die Attribute zu verknüpfen, die er mit dem ‹Schwul-Sein› assoziiert haben möchte. Gleiches gilt für die Bezeichnung als ‹Nigga›, die sich bei denjenigen, die sie zur Selbstbeschreibung verwenden, stärker auf bestimmte Lebensbedingungen kultureller und sozialer Art bezieht als auf die Hautfarbe: Ein ‹Nigga› weiß, wie sich das Leben in den rauen Innenstädten der USA anfühlt, er hat Armut und Gewalt erfahren.[14] Wenn man aber einen positiv-umgewerteten Begriff wie ‹schwul› oder ‹Nigga› gebraucht, wird die Frage umso relevanter, wer sich auf der Basis welcher Attribute ‹authentisch› mit diesem Begriff bezeichnen darf. Wann bin ich ‹wirklich› schwul, wann ein ‹echter› ‹Nigga›?

Authentizität spielt im Rap eine herausragende Rolle. Viel stärker als in anderen Musikformen trägt es zur Bewunderung durch das Publikum bei, wenn der Rapper als authentisch wahrgenommen wird. Dabei geht es vor allem um drei Arten inszenierter und/oder zugeschriebener Authentizität:[15] Rap betont den Wert von kultureller Zugehörigkeit und dem daraus abgeleiteten Selbstverständnis. Rap ist auf lokale Einbindung und die territoriale Identität der Künstler fokussiert (z. B. Westküste vs. Ostküste). Und schließlich heben die Songs häufig ihre angebliche Nähe zu den ‹Ursprüngen› des Rap hervor.

Vor diesem Hintergrund ist das Beispiel ‹Eminem› von Interesse: Während dieser einige der Kriterien durch seine Nähe zu Dr. Dre sowie seine lokale Zuschreibung zur Westküste erfüllt, ist seine kulturelle Zugehörigkeit fraglich: Da Rap als genuin ‹schwarze› Kunstform angesehen wird, macht Eminem als Weißer sich der kulturellen Aneignung verdächtig, der *appropriation*. Auch eine Nähe zur ‹Straße› – zu den sozialen Härten der Innenstädte – kann er kaum ‹authentisch› verkörpern. Entsprechend reichten Reaktionen auf seine Songs von Anerkennung bis zu offener Kritik und Rassismus: «White-Boy Rap», «Ebony and Ivory come together», «The White Negro Revisited», «Chocolate on the Inside».[16] Eminem reagierte darauf, indem er seine weiße Hautfarbe in Songs in den Vordergrund rückte und damit das Authentizitätsparadigma kritisch hinterfragte.[17] Auf diese Weise löste er die Verbindung von Phänotyp (Hautfarbe), Erfahrung (kulturelle und soziale Gegebenheiten) und Musik (Rap). Man kann selbstverständlich aus vielen Gründen die Frage stellen, ob Eminem ‹gute› Musik macht (etwa im Blick auf frauenverachtende Passagen).

Was er jedoch leistet, ist, am Beispiel der ‹nigga authenticity› kritisch zu reflektieren, inwieweit man zu einer Gruppe gehören muss, um bestimmte Dinge sagen oder tun zu dürfen.

Eminem geht dabei – vermutlich ohne es zu wissen – eine Wahlverwandtschaft mit Michel Foucault ein. Dieser hatte als Sprecher einer Gruppe Schwarzer kandidiert, die für die Rechte von Schwarzen eintraten. Auf den Einwand eines Mitglieds, Foucault selbst sei ja nicht schwarz, entgegnete dieser: Schwarz zu sein sei keine Frage der Hautfarbe, sondern der Einstellung. Eine Form gelebter ‹nigga authenticity› in den akademischen Zirkeln von Paris.

Bin ich Teil meiner Generation?

Nicht nur ein Teil – ich bin meine Generation. Und zwar in einem Maße, das die (angenommene) eigene Individualität nicht unbeträchtlich reduziert – und damit die Rede vom ‹authentischen› Ich aus einer weiteren Perspektive problematisiert. Drei Aspekte sind hier einschlägig: (1) Das Individuelle ist nicht notwendigerweise ‹wahrer› oder erstrebenswerter als das Gemeinsame. (2) Die Grenze zwischen individuellen und kollektiven Erfahrungen ist fließend. (3) Individualität ist ein Konstrukt basierend auf Erzählungen.

(1) Dass das Individuelle einen so hohen Stellenwert hat, ist eine zeitlich und lokal gebundene Norm. Gerade in westlichen Kulturen der Gegenwart mag dies überraschen, weil das eigene Ich und damit verbundene Schlagworte (Selbstverwirklichung, Identitätsbildung etc.) seit vielen Jahren Konjunktur haben. Uns erscheint es selbstverständlich, dass wir unseren Neigungen nachgehen, einen Beruf ergreifen, der ‹uns entspricht›, oder einen Partner wählen, der zu uns passt. Und das ist auch gut so. Nichtsdestoweniger kann es hilfreich sein, sich vor Augen zu führen, dass andere Gesellschaften und Epochen anders organisiert sind – dass also das Streben

nach Selbstverwirklichung nicht immer und überall im Zentrum steht. Anders ist dies beispielsweise in Kulturen, die stark in Familienzusammenhängen denken: Dort trete ich nicht primär als Individuum auf, sondern als Teil meines Kollektivs ‹Familie›. Schön zu erkennen ist dies an der Stellung der Vor- und Nachnamen. Während in angloamerikanischen Kulturen der Nachname fast vollständig seine Bedeutung eingebüßt hat, wird er beispielsweise in Italien oder Ungarn oft ganz selbstverständlich vor dem Vornamen genannt, wenn man sich jemandem vorstellt: Die Familienzugehörigkeit ist wichtiger als die Individualität.

(2) Nicht nur in kollektiv organisierten Kulturen aber stellt sich die Frage, inwieweit Erfahrungen des Individuums überhaupt ‹authentische› eigene Erfahrungen sind. Stehen sie nicht vielmehr stellvertretend für eine bestimmte Zeit, eine bestimmte Generation, eine bestimmte Region? Prägt nicht etwa die Digitalisierung mich in ganz ähnlicher Weise wie meine Partnerin, meinen Nachbarn, die Ärztin im Klinikum an der Ecke? Annie Ernaux hat ein Buch über diese Verbindung von kollektiver und individueller Erfahrung geschrieben: *Die Jahre* (*Les annés*, 2008). Es handelt sich um eine Autobiographie, obwohl im Buch kein einziges Mal ‹ich› gesagt wird. Ernaux erzählt chronologisch Erfahrungen in Frankreich von einer Kindheit in den Nachkriegsjahren bis hin zu den ersten Erlebnissen mit der Digitalisierung nach dem Jahr 2000. Als Leser erfährt man zu keinem Zeitpunkt, ob es Ernaux' persönliche Erfahrungen sind, ob es sich um Geschichten aus ihrer Familie oder ihrem Bekanntenkreis handelt – oder ob schlicht kollektive Erfahrungen präsentiert werden, die jedes Individuum, das zu einer gewissen Zeit an einem gewissen Ort gelebt hat, so oder ähnlich hätte machen können.

Das Kunstvolle (und für die Frage nach Authentizität Interessante) ist die Verwischung verschiedener Ebenen der Konkretion. Der Text beginnt und endet mit einer Reihe von Gedankenfetzen, die möglicherweise aus Ernaux' Erinnerung stammen, aber ebenso gut aus einem fremden Gedächtnis abgerufen sein könnten: «das Haus mit der weinüberwucherten Laube in Venedig, auf dem *Zattere*-Kai Nummer 90 A, das in den Sechzigerjahren ein Hotel gewesen ist», «wo waren Sie am 11. September 2001?» Natürlich weiß kaum jemand außer Ernaux, welches Haus in Venedig wirklich gemeint ist – und ob die entsprechende Erinnerung authentisch ist (also das ‹wahre Wesen› des genannten Hauses wiedergibt oder dies zumindest aufrichtig versucht). Aber das tut nichts zur Sache. Viel wichtiger als das Streben nach einer möglichst authentischen biographischen Rekonstruktion ist die Tatsache, dass es so gewesen sein könnte – und dass Millionen von Menschen sich an Häuser in Venedig erinnern, die so aussehen wie das von Ernaux beschriebene. Kaum jemand weiß, wo sich Ernaux am 11. September 2001 aufgehalten hat, aber Millionen von Menschen haben die Frage schon gehört und ihre persönliche Antwort darauf gegeben.

Die Jahre illustrieren also die verschwimmenden Grenzen zwischen persönlicher Erfahrung und kollektiver Erinnerung. Die Frage, ob das Erzählte ‹authentisch› ist, verliert nach einigen Seiten völlig ihren Sinn, weil die Frage ‹authentisch wofür?› in den Vordergrund tritt. Selbst wenn das konkrete Erlebnis für die Autorin nicht authentisch gewesen sein mag (wer könnte das beurteilen?), ist es doch exemplarisch für eine bestimmte Gruppe, eine bestimmte Region, eine bestimmte Generation. In dieser Beispielhaftigkeit ist das Erzählte viel relevanter und interessanter als in einer behaupteten Authentizität.

(3) Auch Individualität und Identität sind Konstrukte. Schlagend vorgeführt hat dies Umberto Eco in seinem Roman *Die geheimnisvolle Flamme der Königin Loana* (*La misteriosa fiamma della regina Loana*, 2004), der die Grenze zwischen Roman und Autobiographie auslotet. Der Protagonist Yambo hat einen Gedächtnisverlust erlitten, wodurch seine Identität infrage gestellt ist: Er weiß nicht mehr, wer er ist. Bei der Re-

konstruktion seiner Biographie – durch zeithistorische Zeugnisse ebenso wie durch persönliche Dokumente – erkennt er (ähnlich wie Ernaux), wie stark seine Geschichte mit derjenigen seiner Generation verbunden ist. Individuelles und kollektives Gedächtnis sind nicht zu trennen. Freilich geht der Roman mit dem Gedächtnisverlust des Protagonisten von einer Extremsituation aus. Doch diese wirft grundlegende Fragen zum Zusammenhang von Individuum und Kollektiv auf: Inwieweit sind wir ‹authentische›, unabhängige, singuläre Individuen – und inwieweit Teil einer bestimmten Gruppe, Zeit, Kultur? Was zeichnet uns als Menschen wirklich aus – und worin gleichen wir (bei etwas distanzierter Betrachtung) unseren Mitmenschen wie ein Ei dem anderen? Was bin wirklich ich?

Der Roman gestaltet die Problematik von Erinnern, Vergessen und Subjektkonstruktion bereits im ersten Kapitel: Yambo erwacht aus dem Koma, zentrale Elemente seiner Identität sind verloren. An ihre Stelle treten Fragmente von Texten, die ihm nicht nur Orte und Erlebnisse suggerieren, sondern sogar die Identifikation mit einer Romanfigur Edgar Allan Poes. Ein Individuum gibt es in diesem Moment nicht – nur kulturelle Fragmente, die eine (Pseudo-)Identität konstituieren. Um den Verlust seiner Identität zu überwinden, wendet sich Yambo der kollektiven Geschichte zu: Er liest alte Comic-Hefte, Schulbücher und Zeitschriften, die auch als Abbildungen in den Roman integriert sind. Diese Abbildungen könnten Authentizität suggerieren, indem sie eine materiale Grundlage für Yambos Identität bilden. Tatsächlich aber stellen sie Distanz zum Gesagten her. Weil Yambo sein Gedächtnis verloren hat und seine Identität auf der Basis des kulturellen Gedächtnisses neu entwirft, unterstreichen die Abbildungen, dass die Geschichte nicht als authentisch angelegt ist; sie stellen die Fiktionalität des Gesagten selbstreflexiv aus.

Am Beispiel seines Protagonisten illustriert der Text somit, in welch hohem Maße Bio- und Historiographie kulturell und narrativ konstruiert sind. Identität wird im Rahmen einer Erzählung erzeugt; sie basiert nicht auf einer (wie auch immer gearteten) ‹Essenz› des Subjekts.

Wie authentisch ist mein Porno-Konsum?

Porno-Konsum ist vermutlich das einzig Authentische (im Sinne von Wesensauthentizität) in unserem Leben – und das gleich in doppelter Hinsicht, sofern man der Statistik von pornhub.com glaubt.[18] Dort avancierte der Suchbegriff ‹amateur› 2019 zum Trend des Jahres, indem er gegenüber dem Vorjahr um 108 Prozent zulegte und sich auf Rang 3 der meistgesuchten Begriffe vorschob, übertroffen nur noch von ‹japanese› und ‹lesbian›. Wenn man darüber hinaus unterstellt, dass sich die Authentizität der Pornos nicht nur auf den betrachteten Film, sondern auch auf die Sehnsucht der Zuschauer erstreckt, lassen die Zahlen interessante Schlussfolgerungen zu, denn: Wo bekennen wir uns offener zu unseren Vorlieben als auf Pornoseiten?

Die Sehnsucht nach Authentizität, die unseren Porno-Konsum bestimmt, beginnt bei regionalen Präferenzen: In Indien wird nach indischen Pornos gesucht, in Japan nach japanischen, im Nahen Osten nach arabischen und im Subsahara-Afrika nach dunkelhäutigen Darstellern. In Frankreich wird um 998 Prozent öfter nach ‹French› gesucht als im Rest der Welt, in Italien um 799 Prozent öfter nach ‹Italian›, in England um 601 Prozent öfter nach ‹British›. Gewünscht ist nicht das Exotische, sondern das Allgegenwärtig-Bekannte. Eine Ausnahme stellt Nordamerika dar, wo ‹lesbian› der meistgesuchte Begriff ist. Dies lässt sich im regionalen Vergleich aber damit erklären, dass die meisten Pornos im angloamerikanischen Raum gedreht werden, dass also das spezifisch Amerikanische nicht gesondert gesucht werden muss. Gewagt auf das Exotische schaut man nur in Österreich, wo ‹deutsch› und ‹German› die meistgesuchten Begriffe sind.

Neben dieser Sehnsucht nach regionaler Authentizität hat – wie gesagt – die Sehnsucht nach einer Authentizität des Dargestellten Hochkonjunktur. Nach der Steigerung, die für den Suchbegriff ‹amateur› zu konstatieren ist, liegt die Suche nach ‹verified couples› auf Platz 2 der größten prozentualen Zugewinne. Auch der Begriff ‹verified amateurs› hat um sieben Plätze zugelegt.

Ausnahmen zu diesen Trends finden sich nur im Bereich der verborgenen Sehnsüchte (deren ‹Authentizität› sich dann mehr auf den Betrachter als auf das Betrachtete bezieht): Dass der Begriff ‹lesbian› im angloamerikanischen Raum auf Platz 1 der Suchanfragen rangiert, lässt sich vermutlich eher mit der Sehnsucht nach einer spannenden Gegenwelt als nach einem ‹authentischen› Nachempfinden des Realen erklären. Hier ist der Wunsch Vater des Gedankens, nicht die Vorstellung, dass das Betrachtete ‹authentisch› wirklich so ablaufen könnte. Gleiches gilt für den meistgesuchten Begriff bei schwulen Pornos: ‹straight guys›. Auch hier dürfte das imaginäre Erschaffen einer fiktionalen Welt, die mit der Realität nur wenig gemein hat, die Sehnsucht nach einer authentischen Darstellung überlagern. Wenn wir in unserem Porno-Konsum ‹wesensauthentisch› sind, lässt diese Präferenz für das Nicht-Reale, die quer zum dominierenden Trend der ‹authentischen› Darstellung im Porno liegt, Hoffnung für diejenigen, die an die Macht fiktionaler Welten glauben.

Wozu dienen Körperflüssigkeiten?

Körperflüssigkeiten dienen häufig als Authentizitätsindikatoren. Dabei unterscheiden sie sich von den oben genannten Authentizitätskonventionen dadurch, dass es sich bei ihnen um ‹natürliche› Zeichen handelt, die nicht auf einer kulturellen Zeichenkonvention beruhen. So wie Rauch in jeder Kultur auf Feuer verweist, illustrieren – könnte man meinen – bestimmte körperliche Reaktionen immer ein zugrundeliegendes Wesensmerkmal. Während Zuneigung oder Wut, Empathie oder Ignoranz sich zu einem gewissen Grade vorgaukeln lassen, sind körperliche Reaktionen schwieriger zu fälschen (wenngleich auch dies nicht unmöglich ist). Körperflüssigkeiten gelten daher in der allgemeinen Wahrnehmung als zwischenmenschliche Authentizitätsindikatoren. Man muss nicht auf den Orgasmus verweisen, um dies argumentativ zu untermauern; schon Blut, Schweiß und Tränen reichen dafür aus.

Blut bietet den eindeutigsten Verweiszusammenhang im Reich der Körperflüssigkeiten. Blut ist Schmerz ist Leiden. Die unmittelbare Beobachtung von ‹authentischem›, mit Blut verbundenem Schmerz und Leiden ist bei manchen Menschen verknüpft mit manifesten Reaktionen, etwa im Fall der Blut-Injektions-Verletzungs-Phobie, die nicht nur psychisch zu Abscheu und Furcht führt, sondern auch zu physiologischen Reaktionen.[19] Dass Blut ein Authentizitätsindikator ist, ist uns also quasi unbewusst einbeschrieben. Ähnliches gilt für Blut als Ausdruck von Verwandtschaft: Nur wer mit mir blutsverwandt ist, ist ‹wirklich› mit mir verwandt. Auch hier dient der Verweis auf die Körperflüssigkeit dazu, Authentizität zu behaupten.

Doch schon für Schweiß gilt dieser fast eindeutige Verweiszusammenhang nicht. Die Satirezeitschrift *Der Postillon* gab folgenden ‹Ratschlag›, um jemanden vor einer Präsentation nervös zu machen: «Machen Sie auf den Achselschweiß aufmerksam: ‹Wow! Echt stark, dass du dich traust, mit solchen Schweißflecken vor all den Leuten hier zu sprechen. Das macht dich voll authentisch.›»[20] Schwitzen ist zwar – wie Bluten – eine Körperfunktion, die sich nicht bewusst kontrollieren lässt. Der Beobachter aber interpretiert, welche Ursache das Schwitzen hat. Verweist es auf Angst und Unwohlsein wie vor der Präsentation? Ist der schwitzenden Person einfach nur zu warm? Oder ist sie krank?

Klar ist dies nur, wo der Schweiß absichtlich erzeugt wird: in der Sauna. Die Sauna ist ein hoch authentischer Ort: Vor Gott, Gericht und dem Saunaofen sind alle Menschen gleich. Entsprechend diente die Sauna in männlich dominierten Zeiten dazu, besonders ‹authentische› Politik zu machen. Helmut Kohl und Boris Jelzin verhandelten beim Saunabesuch den Abzug russischer Truppen aus Ostdeutschland. In Finnland – wo sonst? – existiert sogar der Begriff der ‹Sauna-Diplomatie›.[21] Hier werden im Zeichen der Authentizität gegensätzliche Welten zusammengeführt – maximale Verschlossenheit in der Diplomatie, maximale Offenheit in der Sauna.

Tränen als Authentizitätsindikatoren sind ebenfalls beliebt. Vor Gericht ist das Geständnis unter Tränen ein Grund, an die aufrichtige Reue des Angeklagten zu glauben. Im Sport sind Niederlagen nur dann ernst zu nehmen, wenn die Verlierer weinen. So lauteten einige Schlagzeilen nach dem Vorrunden-Ausscheiden der deutschen Fußball-Nationalmannschaft bei der Weltmeisterschaft 2018: «Müller weint nach WM-Aus», «Tränen von Kasan» oder «Tränen und Verzweiflung».[22] Auch im Kontext des Showbusiness stehen Tränen hoch im Kurs, weil sie in einer Welt des schönen Scheins auf das wahre Sein zu verweisen scheinen. So wurden etwa bei den Oscars 2020 Joaquin Phoenix' «Tränen-Rede» und Brad Pitts Dankesworte, «den Tränen nah», hervorgehoben.[23]

Fazit: Gerade wo die Distanz zwischen Menschen hoch und die Beurteilung authentischen Verhaltens schwierig ist (zwischen Politikern verfeindeter Nationen, zwischen Angeklagten und Richtern, zwischen dem gemeinen Fußballfan und Thomas Müller), verlassen sich viele auf die Authentizität von Körperflüssigkeiten.

Was ist der Wert des Verborgenen?

Hinterzimmer haben einen ähnlich schlechten Ruf wie Sauna-Diplomatie. Gängigen Vorurteilen zufolge werden dort Karrieren gemacht, Mauscheleien ausgeheckt, Spiele abgekartet. Daher steht der Ruf nach Transparenz im Vordergrund. Papst Franziskus ließ 2019 das Attribut ‹Geheim› aus dem Namen des Vatikanischen Archivs streichen. Die Welt feierte Julian Assange und Edward Snowden für ihre Enthüllungen über amerikanische Außenpolitik, militärische Strategien und Abhöraktivitäten. Jeder Mensch, jede Institution, so die Idee, solle authentisch einstehen für das, was er oder sie macht, sagt oder denkt. Doch was übersieht ein Gebot totaler Transparenz?

Transparenz ist weder in jeder Situation zu erreichen noch immer sinnvoll. Ganz im Gegenteil. Ein Hinterzimmergespräch zwischen Abgeordneten verschiedener Fraktionen dient möglicherweise dazu, politische Optionen auszuloten, die ansonsten nicht möglich wären. Erst die geschützte Atmosphäre des Hinterzimmers bietet den Raum, von der Parteilinie abzuweichen und damit zu eruieren, inwieweit auch der politische Gegner bereit ist, von seinen Vorgaben wegzugehen. Eine Party ist nur dann eine gute Party, wenn die Gäste sicher sein können, dass nicht am nächsten Morgen kompromittierende Fotos auf Instagram kursieren. Nicht zufällig verbietet das Berliner Berghain seinen Besuchern, ihre Handys für Fotos zu benutzen. Wer dagegen befürchten muss, dass ihn am nächsten Tag der Arbeitgeber oder die Ehefrau bei zweifelhaften Aktivitäten sehen, lässt die zweifelhaften Aktivitäten bleiben. «What happens in Vegas stays in Vegas» hat sich nicht nur für diesen einen Ort bewährt.

Nun könnte man einwenden, dass der Wert von Transparenz gerade darin bestehe, zweifelhafte Aktivitäten aufzudecken oder gleich zu unterbinden. Doch das Transparenzgebot übersieht, wie viele Aktivitäten sich in einem Grenzbereich bewegen und gerade deswegen spannend, nötig und bereichernd sind. Müsste ich mich für jede politische Äußerung, die ich in einem geschützten Kontext versuchsweise vortrage, sogleich öffentlich rechtfertigen, gäbe es keinen Versuch des Abweichens von der eigenen politischen Position mehr; das Leben wäre ideologisch zementiert. Müsste ich als Vierzehnjähriger befürchten, dass am Tag nach der Party niedliche Fotos all meinen Freunden zeigen, wie ich mit dem Mädchen aus der Parallelklasse geknutscht habe – ich ließe es bleiben und hätte eine bereichernde Erfahrung verpasst.

Akademische Debatten in halböffentlichen Räumen, etwa in Seminaren oder Forschergruppen, wären ärmer an Gehalt und Erkenntnis, wenn nur solche Thesen geäußert würden, die sich der Sprecher ‹authentisch› zurechnen lassen möchte. Wer Angst davor haben muss, dass er für einen innovativen und deswegen potentiell kontroversen Gedanken sofort öffentlich angegriffen wird, äußert diesen Gedanken gar nicht erst. Dabei sollten gerade Universitäten Räume der Debatte sein, in denen Thesen erprobt und sukzessive für die Öffentlichkeit vorbereitet werden. Riskantes Denken, das eben solche Ideen oder Konzepte zur Debatte stellt, die man sich nicht zu eigen machen möchte, die es aber trotzdem wert sind, diskutiert zu werden, wird vor dem Hintergrund des Transparenzgebots unmöglich.

Die Erfindung des Karnevals war die beste Idee, die die katholische Kirche je hatte (oder besser gesagt: die sie aus der heidnischen Antike übernommen hat). Im Karneval sind für einige Tage Dinge erlaubt, die sonst verboten sind. Diese sind wichtig, um den sonst geregelten Alltag überhaupt erst zu ermöglichen. Radikale Transparenzbefürworter übersehen die kathartische Funktion von Ausnahmesituationen und den Wert von riskantem Denken.

Wie schreibe ich einen Roman aus der Perspektive einer Frau?

Wenn ich ein Mann bin: am besten gar nicht. Zumindest laufe ich Gefahr, mir eine Debatte einzuhandeln – eine Debatte, die noch komplexer wird, wenn ich aus der Perspektive einer lesbischen, schwarzen und/oder türkischen Frau schreibe. Eine weitere Steigerung bestünde darin, ein Pseudonym zu wählen, das eine Identität der angeblichen Autorin als schwarz oder türkisch nahelegt. Ich sähe mich mit Vorwürfen des Betrugs oder der *appropriation* konfrontiert, also der These, ich hätte mich zu Unrecht einer Identität bedient, die nicht die meine sei. Die ‹Ethik der Autorschaft› – so Louis Menand in einem Debattenbeitrag der amerikanischen Zeitschrift *The New Yorker* – verbiete dies.[24]

Wie aber konstituiert sich diese Ethik? Zugrunde liegen ihr zwei Annahmen: (1) Literatur bildet Realität ab. (2) Dieses Abbilden von Realität kann ich als Autorin oder Autor besonders gut leisten, wenn ich an der dargestellten Realität möglichst nah dran bin. Beide Prämissen setzen ein essentialistisches Bild voraus: Die Realität hat ein bestimmtes Wesen. Und ich in meiner Essenz als spezifischer Mensch bin mehr oder weniger nah dran an diesem Wesen, etwa weil ich an einem bestimmten Ort aufgewachsen bin und/oder besonders betroffen von dieser Realität, etwa weil ich eine bestimmte Hautfarbe habe.

Für Menschen als Individuen trifft Letzteres sicher zu: Wenn ich in Kaiserslautern-Betzenberg als Kind einer spielsüchtigen Mutter aufgewachsen bin, wie es Jeremias Thiel schildert,[25] habe ich andere Erfahrungen gemacht denn als Sohn eines Ärzte-Ehepaars in Hamburg-Eppendorf. Wenn ich – wie Saša Stanišić – mit vierzehn Jahren aus Bosnien nach Deutschland fliehe und plötzlich dort aufwachse, habe ich eine andere Perspektive auf Migration als so mancher Pfälzer.

Doch wo verläuft die Grenze zwischen Leben und Literatur?

Ist Thomas Mann ein Betrüger, weil er einen Roman über einen Komponisten geschrieben hat, ohne je selbst einen Tritonus komponiert zu haben? Führt J. K. Rowling ihre Leser in die Irre, weil sie Harry Potter auf Besen fliegend Quidditch spielen lässt, ohne je selbst in Hogwarts gewesen zu sein? Wie steht es um Theodor Fontane oder Gustave Flaubert, die zweifellos nicht aus eigener Erfahrung wussten, wie vernichtend der Vorwurf des Ehebruchs für eine Frau Mitte des 19. Jahrhunderts war? Also *Doktor Faustus*, *Harry Potter*, *Effi Briest* und *Madame Bovary* gesellschaftlich ächten?

Sicher nicht, schließlich hat keine/r der Genannten behauptet, selbst auf einem Besen oder Baron Innstetten geritten zu sein. Der Fiktionsvertrag ist klar markiert, jede Leserin und jeder Leser weiß sich auf der sicheren Seite der Eindeutigkeit: Es handelt sich um etwas Ausgedachtes. Doch die Grenze der Fiktion ist unscharf, wie oben im Detail beschrieben. Gerade die beiden Ehebruchsromane weisen darauf hin: Ist es nicht doch ein Problem, wenn ein Mann (insbesondere als Teil einer patriarchalisch strukturierten Gesellschaft) sich der Perspektive einer Frau bemächtigt, und das auch noch im Bereich des Intimsten: des angeblichen sexuellen Fehlverhaltens und der radikalen, zweifellos traumatischen Konsequenzen, die sich daran knüpfen? Könnte ein Mann *Effi Briest* heute schreiben?

Eher nicht. Eine Reihe von Beispielen weist darauf hin, etwa der Aufschrei, der durch die USA ging, als sich herausstellte, dass James Freys Text *A Million Little Pieces* (2003) nicht biographisch fundiert war. Er schildert, wie sich der Protagonist aus Alkohol- und Drogensucht zurück ins Leben kämpft, und war unter anderem von Oprah Winfrey in ihrem Buchclub zum Kauf empfohlen worden. In Frankreich wurden Doktorarbeiten darüber verfasst, wie authentisch Paul Smaïls *Vivre me tue* (1997) die Erfahrungen der nordafrikanischen Einwanderer in Frankreich darstelle. Dass der Name Paul Smaïl lautlich auf den ersten Satz von *Moby Dick* anspielt («Call me Ismael»), hatte das Spiel mit der Identität zwar angedeutet, war aber nicht verstanden worden. In beiden Fällen mussten die Autoren Abbitte leisten, als ihre ‹wahre Identität› bekannt wurde, die mit dem Geschilderten jeweils nichts zu tun hatte. Freys Verlag erstattete Lesern, die sich betrogen fühlten, sogar den Kaufpreis. Kaum ein Leser aber war zuvor auf die Idee gekommen, die Texte schlecht zu finden.

An der Bewertungsgrundlage geändert hatte sich nur die zugeschriebene Wesensauthentizität des Autors. Der damit verbundene Umschwung des Publikums von Lobpreis zu Verdammung illustriert die Schizophrenie der Sehnsucht nach Authentizität im Literaturbetrieb. Warum sollte nicht ein gut recherchierter Roman ‹authentischer› (im Sinne von: repräsentativ für die Bedingungen eines Ortes, einer sozialen Schicht oder einer Identität) sein als die autobiographischen Aufzeichnungen einer Person, die zwar zufällig in ihrem Leben von den geschilderten Tatsachen betroffen ist, die aber sonst vielleicht nichts qualifiziert, repräsentativ für diese Tatsachen zu sprechen? Natürlich gibt es etwa Frauen oder Schwarze, die ausgehend von ihrer Biographie hochreflektiert über den Repräsentationscharakter der eigenen Erfahrungen für eine spezifische Gruppe nachdenken. Doch es gibt auch Frauen und Schwarze, die ihr Geschlecht oder ihre Hautfarbe kein bisschen prädestiniert, darüber zu schreiben, beispielsweise weil sie über Gebühr verallgemeinern.

Das ‹Wesen› der Autorin oder des Autors muss daher für die Beurteilung sowohl der Qualität als auch der Repräsentativität eines Textes irrelevant sein. Man kann einen Text (literarisch-ästhetisch) danach bewerten, ob er eine gute Geschichte erzählt. Dann ist sowohl die Urheberschaft egal als auch die Frage, ob die Geschichte auf eine – wie auch immer geartete – Wirklichkeit verweist. Man kann einen Text auch (journalistisch-faktual) danach beurteilen, ob er ‹die Wahrheit› über eine Biographie, eine Region, eine Erfahrung sagt. Hier müssen sich Aussagen des Textes nicht nur ästhetisch bewerten, sondern auch an der Realität messen lassen. Wiederum aber ist die Identität des Autors dafür irrelevant. Ein gut recherchierter Text kann um Welten präziser sein als ein schlecht erlebter.

Fazit: Ja, ich sollte einen Text aus der Perspektive eines australischen Murmeltiers schreiben, auch wenn ich nie eines gewesen bin. Der Text muss sich abhängig davon, wie ich ihn entsprechend gewisser Konventionen markiere, z. B. als ‹Roman›, entweder an ästhetischen Maßstäben messen lassen oder an solchen der Faktualität, z. B. an biologischen Studien zu Murmeltieren in Australien (falls es solche überhaupt gibt). Ich als Autor in meinem zugeschriebenen Wesen bin hingegen in keinem Fall der richtige Maßstab.

Bedarf es einer Authentizitätsquote?

Auf keinen Fall. Am 13. Juli 2018 veröffentlichte das amerikanische Magazin *Out* ein Statement der Schauspielerin Scarlett Johansson: Anders als geplant werde sie nicht die Rolle eines Transgender-Mannes in dem Film *Rub and Tug* spielen. Aktivisten hatten gefordert, dass die Rolle von einer Transperson übernommen werden solle. Zwei Argumente sprechen vordergründig für diese Forderung: Erstens könnte man anführen, dass Transpersonen als Schauspieler in Hollywood-Produktionen unterrepräsentiert seien, und zweitens, dass eine Person, die keine eigenen Transgender-Erfahrungen gemacht hat, diese nicht authentisch darstellen könne.

Das erste Argument entspräche der Forderung nach einer Quote. Denkbar wäre eine solche beispielsweise, indem prozentual so viele Rollenangebote an Transpersonen gehen, wie es deren Prävalenz in der Bevölkerung entspricht. Eine Alternative wäre, dass Transgender-Rollen zu 100 Prozent mit Transpersonen besetzt würden. Letzteres hätte zur Folge, dass man – mit Recht – argumentieren könnte, dann müsse jede Rolle mit einer Person besetzt werden, die der Rolle auch im realen Leben entspricht: Eine Mutter von fünf Kindern verkörpert eine Mutter von fünf Kindern, ein US-Präsident einen US-Präsidenten, eine bei Olympia siegende Biathletin eine bei Olympia siegende Biathletin. Das wäre maximale Authentizität gepaart mit maximaler Langeweile – und es wären keine Rollen mehr. Sinnvoller erscheint es da – zumindest auf den ersten Blick –, mit der prozentualen Prävalenz zu arbeiten. Dies ist das gängige Verfahren von Quoten. Zweifellos kann eine Quote einen starken Effekt haben, wenn es darum geht, unerwünschte bestehende Verhältnisse (nur Männer in DAX-Vorständen) schnell zu ändern. Über den zeitlich begrenzten Einsatz einer Quote für Transpersonen in Hollywood-Produktionen ließe sich daher streiten.

Wenig sinnvoll hingegen sind Quoten ohne zeitliche Begrenzung. Eine Quote funktioniert über die Kategorisierung nach zugeschriebenen Wesenszügen: Sie teilt Menschen nach bestimmten Kriterien in Gruppen ein. Dabei ist aber jede Kategorisierung erstens auch eine Diskriminierung (mindestens im wörtlichen Sinne von lat. *discrimen*, Unterschied) und zweitens nur dann halbwegs überzeugend, wenn zwischen der vorgenommenen Kategorisierung und ihrem Zweck ein sachlicher Zusammenhang besteht. Häufig aber reduzieren Quoten einen Menschen auf eine Eigenschaft, die mit der fraglichen Tätigkeit in keinem Zusammenhang steht. Für meine Eignung als Richterin am Bundesverfassungsgericht oder als Vorstand eines DAX-Konzerns ist es irrelevant, ob ich Mann, Frau oder divers bin.

Darüber hinaus stellt sich die Frage, für welche Eigenschaften in welchen Kontexten Quoten eingeführt werden sollen. Für all diejenigen, die in irgendeiner Weise benachteiligt sind? Klingt gut. Doch wie bemisst sich Benachteiligung? An primären oder sekundären Geschlechtsmerkmalen? An der Differenz des eigenen Gehaltes zum Durchschnittseinkommen? An der Frage, ob ich (oder der Kollege ein Büro weiter) von meiner Chefin in wichtigen Fragen um Rat gebeten werde? Am familiären Hintergrund? Der sexuellen Orientierung? Der

Fähigkeit, die Sprache des Landes, in dem man lebt, als Muttersprache zu sprechen? Mit Wesensauthentizität als Kriterium kommt man hier nicht weiter.

Im konkreten Fall der Rollenvergabe an Scarlett Johansson muss man sich zudem fragen, warum es nicht mit Begeisterung aufgenommen wird, dass Transgender- und verwandte Themen mittlerweile als Gegenstand von Mainstream-Produktionen etabliert sind. Wenn Filme wie *The Danish Girl* (2015) ein Millionenpublikum erreichen, ist *das* der große Erfolg, den sich Diversitätsaktivisten auf die Fahnen schreiben können. Und es ist der relevante Erfolg, denn er führt zu Sichtbarkeit und Akzeptanz. Natürlich kann auch die schauspielerische Leistung beurteilt werden (auch kritisch), allerdings bemisst sich diese Beurteilung an der Frage, wie überzeugend die Transgender-Person im Film *dargestellt* wurde, nicht daran, in welchem Maße die darstellende Person tatsächlich (‹authentisch›) transgender *ist*.

Wenn es inzwischen sogar als Ausweis besonderer schauspielerischer Leistung gilt, eine Rolle aus dem LGBTQ-Themenfeld übernommen zu haben, zeigt das, wie sehr das Interesse an Filmstoffen aus dem Bereich der Diversität gewachsen ist – und wie sehr damit auch deren Akzeptanz steigt. Welchem Schauspieler müsste man als Homosexueller dankbarer sein als Sean Penn in *Milk* (2008) oder dem ‹schwulen› Daniel Radcliffe in *Kill Your Darlings* (2013)? Was wäre für eine Transgender-Person eine größere filmische Anerkennung als Scarlett Johansson mit Transgender-Identität? Deren tatsächliche sexuelle Orientierung, ihre Gender-Identität oder sonstige Fragen, die mit der Person der Schauspielerin verbunden sind, nicht mit ihrer Rolle, sind für diesen Beitrag zur Akzeptanz von Diversität irrelevant.

VON DER LUST AN DER MASKE: PLÄDOYER FÜR PLURALITÄT

Venezianischer Karneval lockt keinen müden Hund mehr hinter dem Ofen hervor. Doch die Lust am Wechsel zwischen verschiedenen Rollen ist in einer Gegenwart, die sich nach Authentizität sehnt, zu Unrecht aus der Mode geraten. Da der Wunsch nach Authentizität zudem in Teilen einhergeht mit abnehmender Wertschätzung von professioneller Distanz und Ambiguität, möchte ich in diesem letzten Kapitel für drei Alternativen zu Authentizität werben: für Professionalität, situativ angepasstes Verhalten und Ambiguitätstoleranz. Insgesamt versuche ich auf diese Weise, eine Lanze für Pluralität zu brechen.

Authentizität versus Pluralität

Als Leitfaden des Kapitels seien einige Gegensatzpaare skizziert, die die Argumentation strukturieren. Es handelt sich nicht um ‹richtige› Gegensätze, sondern um Orientierungspunkte, die jeweils eine bestimmte Richtung andeuten:

Authentizität	Pluralität
Sein	Handeln
Wesen	Rolle
Identität	Performanz
Kontinuität	Veränderung
Eindeutigkeit	Widersprüchlichkeit
Unmittelbarkeit	Distanz (zeitlich und lokal)

Konsequenz   Kompromiss
Transparenz   Geheimnis

Authentizität ist durch Bezug auf ein Wesen charakterisiert. Sie setzt eine Identität voraus, die erkannt werden kann, sowohl von demjenigen, der sie ‹besitzt›, als auch von seinen Mitmenschen. Weil Authentizität auf das Wesen abstellt, basiert sie auf Vorstellungen von Kontinuität und Konsequenz. Das Wesen ändert sich nicht (oder allenfalls über lange Zeiträume hinweg), deswegen bin ich, wenn ich authentisch bin, in meinen Vorlieben und Entscheidungen stets derselbe. Darüber hinaus stellt Authentizität auf Transparenz und Eindeutigkeit ab: Weil ich um meinen Wesenskern weiß, kann ich meine Wünsche und Meinungen klar und deutlich kommunizieren. Ich muss auch – wegen der Beständigkeit – nicht lange darüber nachdenken, sondern kann unmittelbar reagieren.

Das Konzept der Pluralität verfolgt einen anderen Ansatz. Es geht davon aus, dass man Menschen besser nach ihren Handlungen beurteilt als nach ihrem Wesen, weil Handlungen in ihrer Verantwortung liegen. Unterschiedliche Kontexte des Handelns bringen dabei unterschiedliche Rollen und Situationen mit sich, in denen man eine jeweils variierende Performanz wählen und sich damit teils wechselhaft und vielleicht sogar widersprüchlich verhalten kann. Eine Vorstellung von Identität ist hier nicht überzeitlich und kontextübergreifend, sondern in Zusammenhänge eingebettet: Es geht um meine situative Identität als Familienvater, als Teamleiter, als Richterin. Zwischen diesen pluralen Identitäten können durchaus Unterschiede bestehen. Diese machen sensibel für Möglichkeiten der Veränderung und des Kompromisses. Wo ich feststelle, dass ein Lebensmodell nur begrenzt funktioniert, bin ich bereit, es auf den Prüfstand zu stellen und ein anderes auszuprobieren. Wenn ich selbst in verschiedenen Situationen unterschiedlich handle und somit keiner durchgehenden (‹authentischen›) Vorstellung von mir folge, bin ich eher bereit, auch mit meinen Mitmenschen Kompromisse einzugehen. Es fällt mir leichter, Widersprüche im eigenen und in anderer Leute Verhalten zu akzeptieren, weil ich sie ihnen nicht als wesenhaft zuschreiben muss, sondern aus einer bestimmten Situation heraus erklären kann. Geheimnisse haben eine positive Funktion, weil sie es ermöglichen, bestimmte Wünsche, Handlungen, Überzeugungen in einem geschützten Raum zu erproben. Bewertungen und Entscheidungen werden nicht unmittelbar getroffen, sondern aus einer reflektierenden räumlichen und zeitlichen Distanz heraus.

Handeln statt Sein

Aus dieser Differenzierung folgt der Vorschlag, Menschen nicht danach zu beurteilen, was sie (vermeintlich oder tatsächlich) *sind*, sondern nach dem, was sie *tun*. Damit einher geht der Wunsch nach einer größeren Gelassenheit im Umgang miteinander.[1] Einem Menschen, der etwas Dummes, Unangenehmes, Ärgerliches *tut*, kann man böse sein, man kann sich über ihn aufregen, ihn verfluchen. Man kann ihm aber auch verzeihen und die Tat in einen bestimmten Kontext rücken, der sie zwar vielleicht nicht rechtfertigt, aber doch erklärt. Einem Menschen, der dumm, unangenehm, ein Ärgernis *ist*, ist nicht zu helfen. Der Fokus auf ‹Authentizität› versucht, hinter dem Handeln ein Sein zu identifizieren und damit (sehr schnell) zu urteilen, oft auch zu ver-urteilen.

Der Fokus auf Professionalität, Situativität und Ambiguität hingegen behält neben dem scheinbar offensichtlichen Urteil andere Möglichkeiten der Interpretation im Blick. Er erlaubt es, die Dinge gelassener zu sehen; einen Tag abzuwarten und die Emotionen sacken zu lassen, ehe der Tweet abgesetzt wird; von Politikerinnen, Priestern oder Fußballspielern nicht zu erwarten, dass sie perfekte Menschen sind, sondern dass sie sinnvolle Politik, ansprechende Predigten, wichtige Tore zustande bringen – und ansonsten tun und lassen, was sie wollen (solange sie niemand anderen damit beeinträchtigen). Wie angenehm kann es sein, zwei ‹Wahrheiten› oder Perspektiven gleichzeitig zu akzeptieren – und damit eine Welt der Pluralität zu bejahen. Wie spannend ist es, das Aushalten von Ambivalenz zu üben – und nicht sofort nach einer eindeutigen Antwort oder der ‹richtigen› Lösung zu fragen.

Ziel ist also eine Kultur der Geduld, des Verzeihens, der Großzügigkeit, des Nicht-so-ernst-Nehmens. Wenn man nicht an das (unveränderliche) Sein glaubt, sondern an das (lernfähige) Handeln, dann glaubt man auch an positive Veränderung, die mit ein wenig Geduld und Nachsicht herbeizuführen ist. Wenn man die Möglichkeit einer solchen Veränderung in Betracht zieht, ist man großzügiger mit seinen Mitmenschen (und sich selbst) und verzeiht eher einmal eine Unannehmlichkeit oder einen Fehler. Wenn ich selbstironisch eine Schwäche zugebe, diskreditiert das nicht gleich mein gesamtes Wesen als Mensch. Ich nehme mich und die Welt nicht so ernst. Denn alles könnte so sein, wie es scheint, es könnte aber auch ganz anders sein – und das ist doch wunderbar!

Ziel ist damit auch eine Kultur, in der das Experiment seinen Raum hat. Sei es in der Wissenschaft, sei es in der persönlichen Entwicklung – der Ruf nach Eindeutigkeit und Authentizität führt dazu, dass eine Klarheit der Ergebnisse und Positionierungen erwartet wird, die nicht nur bisweilen schwer zu erreichen, sondern auch reduktionistisch und langweilig ist. Warum nicht einmal eine gewagte Forschungsfrage formulieren, auch wenn sie kontrovers sein mag und möglicherweise keine verwertbaren Ergebnisse produziert? Warum nicht Erfahrungen sammeln, die am Rande oder gar jenseits des eigenen (Wesens-)Horizonts und Interesses stehen, aber vielleicht dennoch – oder gerade deswegen – bereichernd sind?

Die drei Alternativkonzepte, die nun im Detail zu erläutern sind, stellen Vorschläge dar, wie dies leichter möglich ist – wenngleich sie keine klaren Handlungsanweisungen bieten (das würde der Intention des Buches widersprechen), sondern lediglich Denk- und Handlungsräume von und für Pluralität – und damit verbundene Freiheit – skizzieren.

Alternativkonzept I: Professionalität

Der Begriff ‹Professionalität› wird hier verwendet im Sinne des Ausfüllens einer bestimmten (z. B. beruflichen oder gesellschaftlichen) Rolle. Sowohl mein berufliches Umfeld als auch andere gesellschaftliche Erwartungen erfordern, dass ich mich ‹professionell› im Sinne bestimmter eingeübter Konventionen verhalte. Ein Plädoyer für solche Konventionen mag nicht besonders populär sein (gar ‹konservativ› scheinen), steht doch aktuell – wie in diesem Buch gezeigt – eher der Imperativ im Vordergrund, man solle sein ‹wie man selbst›. Professionalität und Authentizität stehen nicht selten im Widerspruch zueinander. Doch ich behaupte, dass ohne professionelles Verhalten der Kitt, der die Gesellschaft zusammenhält, schnell Risse bekommt.

Eine Gesellschaft, in der jeder nur so ist, ‹wie er ist›, mutiert rasch zu einem Kampf von jedem gegen jeden, zu einer individualistisch-egoistischen Ausprägung der Protagoras-Sentenz, der zufolge der Mensch das Maß aller Dinge sei. Wo sich alles darum dreht, dass meinem ‹wahren Ich› Recht geschieht, kann ich verlangen, Stundenpläne nach meinen Interessen, Vorlieben, Abneigungen zu schreiben. Ich kann fordern, dass bestimmte Themen etwa in Literatur, Film oder Kunst nicht behandelt werden, weil diese für mich negativ besetzt sind. Ich kann von der Politik verlangen, dass sie exakt auf meine Bedürfnisse Rücksicht nimmt und beispielsweise die Stromtrasse nicht in der Nähe meines Hauses baut, obwohl diese für eine sinnvoll durchgeführte Energiewende unverzichtbar ist. Die Sehnsucht nach Authentizität mutiert auf diese Weise sehr schnell zu Egoismus.

Ein Weltzugang der Professionalität hingegen akzeptiert, dass jeder Mensch Teil einer Gesellschaft ist. Niemand ist eine Insel – mit allen damit verbundenen Vorteilen und Zumutungen. Sich professionell zu verhalten, bedeutet, die Existenz anderer Menschen mit ihren Wünschen, Plänen, Zumutungen zu akzeptieren – nicht in unbegrenztem Maße, aber doch in einem solchen, das jedem von uns ein möglichst angenehmes Leben erlaubt. Ein Weltzugriff der Authentizität teilt (seiner oben skizzierten normativen Komponente wegen) die Menschen nahezu notwendigerweise nach Wertungen in Gruppen ein: die Aufrichtigen und die Heuchler, die Eindeutigen und die Geheimnisvollen etc. Ein solcher Zugriff aber übersieht, dass wir mit den allermeisten Mitmenschen am sinnvollsten einen professionellen Umgang pflegen, einen Umgang der freundlichen Distanz. Das betrifft selbstverständlich nicht das direkte persönliche Umfeld, aber doch all die Menschen, denen wir im Alltag begegnen: die Bäckerin, den Busfahrer, die Ärztin, den Polizisten, die Politikerin, den Sachbearbeiter. In allen Fällen der damit verbundenen Interaktion können wir uns nichts Besseres wünschen als Professionalität.

Wenn ich professionell mit Situationen umgehe, gestalte ich nicht nur das Leben meiner Mitmenschen angenehmer, sondern auch mein eigenes. Denn Professionalität bedeutet, nicht alles an sich heranzulassen. Kritik und abweichende Meinungen beziehen sich in einem Umfeld der Professionalität nicht auf mich als Menschen (auf mein ‹Wesen›), sondern auf meine Argumente oder mein Handeln. Argumente und Handeln können einmal nicht überzeugend oder gar falsch sein – das passiert. Wenn aber mein Wesen auf dem Spiel steht, bin ich nur schwerlich bereit, auch nur ein Jota nachzugeben. Ich muss eine solche Kritik fast notwendig zurückweisen, denn sie bezieht sich auf etwas (auf mich), worüber ich mir mit gewissem Recht einbilden kann, die Interpretationshoheit zu besitzen. Wenn ich unter diesen Umständen Kritik zulasse, stellt das mein Selbstbild in Frage.

Professionalität hingegen ist ein Spiel nach Regeln: Manchmal gewinnt das eine Argument, manchmal das andere; manchmal setzen sich die einen Interessen durch, manchmal die anderen. Da es eine professionelle Distanz zwischen mir und dem Spiel gibt, steht nicht immer gleich alles auf dem Spiel, wenn einmal etwas schiefläuft.

Alternativkonzept II:
Situativ angepasstes Verhalten

Mit ‹Situativität› meine ich das situationsangepasste Verhalten einer Person: eine multiple Persönlichkeit, die kein Problem, sondern eine Chance ist. Die Chance liegt darin, sich in unterschiedlichen (beispielsweise sozialen und medialen) Kontexten unterschiedlich als Mensch entwerfen zu können – als Mutter anders zu sein denn als Chefin, als Trauzeuge anders denn als Schwiegersohn.

Situativ angepasstes Verhalten ermöglicht es, auf unterschiedliche Situationen einzugehen und sich somit in einer pluralen Welt zurechtzufinden. Es führt auch zu der Fähigkeit, sich in andere Perspektiven einzudenken. Wer in der Lage ist, unterschiedliche Situationen und soziale Kontexte einzuschätzen und sein eigenes Verhalten daran auszurichten, der vermag es auch eher, die Wünsche und Bedürfnisse anderer Personen in diesen Situationen zu verstehen. Situativ angepasstes Verhalten ist daher auch eine Form der Perspektivübernahme, die nicht direkt zu Empathie führen muss, aber doch zum Verständnis, warum sich Mitmenschen in bestimmten Situationen in bestimmter Weise verhalten. Freilich ist ‹authentisches›, situationsungebundenes Verhalten nicht notwendigerweise unfähig, fremde Perspektiven zu übernehmen und Empathie zu zeigen. Doch die mit der Sehnsucht nach Authentizität verbundene Bevorzugung von Eindeutigkeit, Echtheit und Wahrheit hat zur Folge, dass die Pluralität von Perspektiven (und deren jeweilige Berechtigung) eher ausgeblendet wird.

Zwei Einwände liegen auf der Hand: Erstens ist situativ angepasstes Verhalten anstrengend. Der Wechsel sozialer Kontexte ist für sich genommen schon eine Herausforderung; wenn ich dabei wenigstens derselbe bleiben darf, fordert er mir nicht gar so viel ab. Gegen dieses Argument lässt sich nichts sagen, weil Faulheit immer überzeugend ist. Zweitens könnte man einwenden, Authentizität setze gerade das situationsangepasste, ‹authentische› Verhalten voraus. Dieses Gegenargument ist großartig – denn es bestreitet Wesensauthentizität. Sofern es nicht für mich authentisch ist, *nicht authentisch* zu sein, kann mein Wesen gar nicht zu allen sozialen Kontexten passen, in denen ich mich bewege. Die angedeutete Verhaltensweise wäre vielmehr eine der Professionalität und Situativität, für die der Begriff der Authentizität – zumindest in der üblichen Verwendung – nicht unbedingt sinnvoll ist.

Im Prinzip geht es bei der Situativität um ein ähnliches Konzept, wie es unter anderen Judith Butler als *performance* beschrieben hat. Butler entwickelt dies am Beispiel der Geschlechtszugehörigkeit, aber ihre Idee lässt sich auf jede soziale Rolle übertragen. Die Geschlechtszugehörigkeit, so Butler, habe nur den Anschein von Substantialität, tatsächlich sei sie «eine konstruierte Identität, eine performative Leistung, an welche das weltliche gesellschaftliche Publikum einschließlich der Akteure selbst nun glaubt und die es im Modus des Glaubens performiert.»[2] Selbstverständlich kann man – wie Butler es für die Geschlechtszugehörigkeit tut – bestimmte Rollen kritisieren, in die sich zahlreiche Menschen performativ einschreiben. Das Grundkonzept, nicht ein essentialistisches Bild von Menschen zu entwickeln, sondern eine Flexibilität anzunehmen, sich in unterschiedlichen Situationen unterschiedlich zu verhalten, ist davon jedoch nicht berührt. Rollen zu performieren (selbst solche, die gesellschaftlich etabliert sind), verschafft Freiheit.

Alternativkonzept III: Ambiguitätstoleranz

Ein weiteres strukturelles Problem an Authentizität ist das Eindeutigkeitspostulat. Eindeutigkeit ist zweifellos in vielen Fällen nötig und gut, weil zu viele (und widersprüchliche) Optionen überfordernd wirken. Zugleich aber reduziert das Eindeutigkeitspostulat, wie es die Sehnsucht nach Authentizität transportiert, die Pluralität der Welt in unnötig hohem Maße. Es ist schön, Dinge auf Twitter in wenigen Zeichen ausdrücken zu können, aber manchmal reichen diese wenigen Zeichen nicht aus. Und selbst wo sie ausreichen, gibt es oft eine konkurrierende Ansicht, die auch nicht per se falsch ist.

Die Welt ist komplexer, als wir sie gerne hätten, und eine Methode, mit dieser Komplexität umzugehen, heißt Ambiguitätstoleranz. Als ‹Ambivalenz› kann man, wie schon erläutert, die Gleichzeitigkeit zweier Zustände oder Verhaltensweisen bezeichnen, die einander eigentlich widersprechen. Frauke Berndt und Stephan Kammer haben dies überzeugend «antagonistisch-gleichzeitige Zweiwertigkeit» genannt.[3] ‹Ambiguität› dagegen erfasst die Wertschätzung dieser Gleichzeitigkeit: Ich bin ambiguitätsaffin, wenn ich Ambivalenz toll finde.[4] ‹Ambivalenz› meint also eine bestimmte Struktur (z. B. in einem Text oder Kunstwerk), ‹Ambiguität› die wertschätzende Wahrnehmung dieser Struktur.

Ambivalenz ist dabei mehr als einfach nur Mehrdeutigkeit. Ein mehrdeutiger Sachverhalt kann zwar unterschiedlich interpretiert werden, die Varianten stehen aber nicht unbedingt im Widerspruch zueinander. Der Satz «Peter umarmt seine Frau und Paul auch» besitzt drei Deutungsvarianten: (1) Peter umarmt auch Paul, (2) auch Paul umarmt Peters Frau, (3) Paul umarmt seine eigene Frau. Vermutlich stimmt in der Realität nur eine dieser Varianten, und sie treten schon gar nicht gleichzeitig ein, stehen daher auch nicht im Widerspruch zueinander. Ambivalent wäre das Beispiel nur, wenn ein Widerspruch aufträte.

Mehrdeutigkeit lässt sich veranschaulichen mit dem Bild eines Zuges, der auf eine Weiche zufährt. Dabei steht die Weiche für zwei Bedeutungsvarianten, die der Zug zur Auswahl hat. Je nachdem, ob er links oder rechts abbiegt, erreicht er ein anderes Ziel, also in der Analogie eine andere Bedeutung (ein semantisches Ziel). Ambivalenz hingegen heißt, dass der Zug über die Weiche und dann auf beiden Gleisen gleichzeitig weiterfährt, so dass – wiederum in der Analogie – die Bedeutungszuschreibung simultan in unterschiedlichen Varianten erfolgt. Das funktioniert in der Realität selbstverständlich nicht, nur im Comic. Doch die Vorstellung illustriert, warum Ambivalenz als Gedankenexperiment (und Ambiguität als Wertschätzung von Ambivalenz) für viele Sachverhalte treffender ist als die Vereindeutigung auf eine Option.

Rhetorische Figuren wie Ironie sagen das eine und gleichzeitig (im Widerspruch dazu) das andere. Sofern die Ironie ein wenig ausgefeilt ist, sind beide Varianten denkbar. Und wenn die Ironie kunstvoll verwendet wird, sind sogar beide Varianten gleichzeitig plausibel – obwohl sie im Widerspruch zueinander stehen. Die Verwendung von Ambivalenz und deren Wertschätzung durch ein ambiguitätsaffines Publikum ermöglichen es, Sachverhalte präzise zu erfassen, obwohl diese sich nicht eindeutig beschreiben lassen. Eine auf Eindeutigkeit und Authentizität getrimmte Interpretationskultur hingegen scheitert hier, weil sie immer nur Teile des Phänomens in den Griff bekommt. Ambiguitätstoleranz macht darüber hinaus auch einfach Spaß, weil sie das Denken herausfordert, nach Transfer und Perspektivwechseln verlangt und einer vielfältigen Welt mit einem pluralen Weltzugriff begegnet – nicht mit dem simplifizierenden Wunsch, durch eine einzige und eindeutige Weltformel alles zu erklären.

Das Rätsel der Freiheit

Søren Kierkegaard wird von Life-Coaching-Trainern, Pastoren oder Steuerberatern gerne als Galionsfigur der Authentizität präsentiert.[5] Doch bei ihm findet sich nicht nur der Satz: «Das Große ist, […] man selbst zu sein», sondern auch das Gegenteil: «Rätselhaft muß man nicht allein andern sein, sondern auch sich selbst.»[6] Mit der letztgenannten Haltung entspricht Kierkegaard – auch als Zeitgenosse – Ludwig II. von Bayern, vielleicht der schillerndsten Figur des 19. Jahrhunderts. Dieser hatte an seine Erzieherin geschrieben: «Ein ewig Rätsel will ich bleiben mir und anderen» – und damit das Motto seines Lebens festgelegt.

Davon ausgehend stellt sich die Frage, ob wir nicht viel euphorischer in der Affirmation von Ambiguität leben sollten. Wo die Suche nach ‹Identität› großgeschrieben wird, sei sie national, politisch oder sexuell gedacht, wo ‹Authentizität› bezogen auf Politiker, Restaurants oder Erlebnisse das Mantra der Stunde ist – da erlaube ich mir die Frage, ob die damit jeweils verbundene Vereindeutigung nicht unterkomplex ist. Ich wage die These, dass die Wahrnehmung von und der kompetente Umgang mit Ambivalenz ehrlicher und sinnvoller sind als deren Reduktion. Ich behaupte, dass die damit verbundene Ambiguitätstoleranz das Leben spannender macht.

Was wir also brauchen, ist mehr Toleranz für Widersprüche, mehr Bereitschaft zum Kompromiss, mehr Lust auf Veränderung – verbunden mit der Fokussierung auf die Rolle statt auf das Wesen, auf Performanz statt auf Identität, auf Ambiguität statt auf Authentizität.

Bei allen drei Alternativkonzepten – Professionalität, Situativität, Ambiguität – ist, wie oben festgestellt, von Widersprüchlichkeiten auszugehen: zwischen der privaten Person und der öffentlich eingenommenen Rolle, zwischen dem Verhalten in einer bestimmten Situation und dem eigentlich gewünschten Verhalten, zwischen zwei gleichzeitig präsenten, im Widerspruch zueinander stehenden, aber gleichermaßen wertgeschätzten Optionen. ‹Authentisch› ist keine dieser drei Verhaltensweisen. Doch alle drei Konzepte tragen zu einer Steigerung von Pluralität bei – und damit auch von Freiheit.

DANK

Das vorliegende Buch hätte nicht ohne die Unterstützung zahlreicher Menschen und Institutionen geschrieben werden können. Ihnen allen bin ich zu großem Dank verpflichtet. Jakob Lenz gab die thematische und konzeptionelle Anregung zu diesem Buch; ihm gebührt der größte Dank. Nicolas Detering, Christoph Lundgreen und Alexander Sperling haben Entwurfsfassungen kritisch gelesen und kommentiert. Für das Lektorat und wichtige Hinweise danke ich Stefanie Hölscher, für den Kontakt zum Verlag Jannis Koltermann, für redaktionelle Unterstützung Magdalena Specht.

Dankend hervorgehoben seien darüber hinaus – neben vielen anderen – Anregungen von Christian Bourjau, Eva Buddeberg, Alexander Edlich, Andreas Engel, Philipp Hacker, Eva Herzog, Alexander Honold, Florian Meinel, Simon Pfeiffer, Timo Rademacher, Michael Schilling, Stephan Schlak, Hendrik Schlieper und Thorsten Wilhelmy. Sehr hilfreich waren auch die Diskussionen mit den Studierenden in meinem Seminar zu Authentizität an der LMU München im Wintersemester 2019/20 sowie in meiner Vorlesung über Ambiguität an der Universität Bern im Frühjahrssemester 2020.

Institutionelle Förderung verdanke ich dem Wissenschaftskolleg zu Berlin, wo ich bei einem Sommeraufenthalt die ersten Kapitel verfassen durfte, meinem damaligen Arbeitgeber, McKinsey & Company, der mir dafür unbezahlten Urlaub gewährte, der Jungen Akademie an der Berlin-Brandenburgischen Akademie der Wissenschaften und der Leopoldina, die mir mit einer Schreibwerkstatt Ruhe und Zeit für das Abfassen einiger Kapitel gab, und vor allem dem Verlag C.H.Beck, der mir als neuem Autor sein Vertrauen geschenkt hat.

ANMERKUNGEN

Echt – Ehrlich – Wahr:
Authentizität als Sehnsucht der Gegenwart

1 https://www.deutschlandfunkkultur.de/sie-kennen-mich-das-hat-ge-wirkt.996.de.html?dram:article_id=262702; https://twitter.com/realdo-naldtrump/status/892383242535481344?lang=de; https://www.faz.net/aktuell/politik/wahl-in-nrw/im-gespraech-hannelore-kraft-ich-bin-au-thentisch-1970668.html.

2 https://www.authentisch-frau-sein.de/;https://www.coaching-als-fueh-rungsstil.com/2016/08/30/authentizit%C3%A4t-in-der-f%C3%BChrungsrolle/; https://www.ikw.org/schoenheitspflege/pressebereich/detail/die-ikw-zukunftsstudie-echt-ist-das-neue-schoen-529/;https://www.soft-skills.com/authentizitaet-authentisch-sein/.

3 https://www.presseportal.de/pm/24435/1585111; https://www.stuttgar-ter-hofbraeu.de/unsere-brauerei.html;https://www.manufactum.de/ue-ber-manufactum-c199340/.

4 Ich beziehe mich damit beispielsweise auf Antonius Weixler: Authen-tisches erzählen – authentisches Erzählen. Über Authentizität als Zu-schreibungsphänomen und Pakt. In: Ders. (Hg.): Authentisches Erzäh-len. Produktion, Narration, Rezeption. Berlin/Boston 2012, 1–32, der diese Dominanz für den ästhetischen Bereich überzeugend konstatiert und skizziert hat.

5 Charles Taylor: A Secular Age. Cambridge/MA 2007, 473–504.

6 Auch darin schließe ich im Grundsatz an Weixler 2012 an.

7 Vgl. die überzeugenden Assoziationen ebd., 1.

8 Marcus Quent: Vorwort. In: Ders. (Hg.): Absolute Gegenwart. Berlin 2016, 7–15, hier 7; Hans Ulrich Gumbrecht: Unsere breite Gegenwart. Frankfurt/M. 2010.

9 Vgl. z. B. Thomas Bauer: Die Vereindeutigung der Welt. Über den Ver-lust an Mehrdeutigkeit und Vielfalt. Stuttgart 2018.

10 Vgl. Andreas Reckwitz: Die Gesellschaft der Singularitäten. Zum Struk-turwandel der Moderne. Berlin 2017.

11 Erneut ist hier auf Reckwitz 2017 zu verweisen.

12 https://www.welt.de/politik/deutschland/article171267612/Das-raet-Horst-Seehofer-seinem-Nachfolger-Soeder.html.

Wesen oder Wirkung?
Begriffliches zu Authentizität

1 Weixler 2012, 3. Vgl. auch ebd., 12: «Ein Text, ein Kunstwerk kann nicht authentisch *per se* sein, eine derartige ontologische Qualität ist in medialen Kommunikationen nicht erreichbar.»

2 Helmut Lethen: Versionen des Authentischen. Sechs Gemeinplätze. In: Hartmut Böhme/Klaus R. Scherpe (Hg.): Literatur und Kulturwissenschaften. Positionen, Theorien, Modelle. Reinbek bei Hamburg 1996, 205–231, hier 209.

3 Weixler 2012, 12: «Als Zusammenfassung und Präzisierung der bisherigen Forschungspositionen soll hier im Folgenden unter *Subjekt-Authentizität* die *Zuschreibung* ‹authentisch› in Bezug auf das Subjekt, unter *Objekt-Authentizität* die *Zuschreibung* ‹authentisch› in Bezug auf das Objekt einer medialen Kommunikation verstanden werden.»

4 Vgl. Susanne Knaller: Ein Wort aus der Fremde. Geschichte und Theorie des Begriffs Authentizität. Heidelberg 2007, 10–16.

5 Weixler 2012, 10.

6 Vgl. etwa ebd., 14 f., wo Weixler unter ‹Subjekt-Authentizität› solche Verfahren fasst, die «im Rezipienten die Bereitschaft anregen, den Inhalt einer Äußerung als ‹wahrhaftig› oder ‹original› im Hinblick auf den Urheber der Äußerung […] zu bewerten».

7 Vgl. z.B. Martin L. West: Textual Criticism and Editorial Technique. Applicable to Greek and Latin Texts. Wiesbaden 1973, 8: «[A]nyone who wants to make serious use of ancient texts must pay attention to the uncertainties of the transmission; even the beauty of the choral odes that he admires so much may turn out to have an admixture of editorial guesswork in it, and if he is not interested in the authenticity and dependability of details, he may be a true lover of beauty, but he is no serious student of antiquity.»

8 Vgl. zu einer ähnlichen Kategorisierung, allerdings primär bezogen auf literarische Texte, Weixler 2012, 8.

9 Hans Ulrich Gumbrecht: 1926. Ein Jahr am Rand der Zeit. Frankfurt/M. 2001, 283.

10 Erving Goffman: Wir alle spielen Theater. Die Selbstdarstellung im Alltag. Vorwort von Ralf Dahrendorf. München 1969, 231.

Wahre Geschichten?
Authentizität in Literatur und Kultur

1 Juli Zeh: Spieltrieb. Roman. München 2004, 10.

2 Lethen 1996.

3 Vgl. z.B. Ernst Osterkamp: Ein Schriftsteller überwacht sich selbst. In:

Frankfurter Allgemeine Zeitung vom 10.8.2012; https://www.zeit.de/2015/42/karl-ove-knausgard-min-kamp-traeumen; https://www.welt.de/kultur/literarischewelt/plus164762983/Wird-Karl-Ove-Knausgard-ueberschaetzt.html.

4 Karl Ove Knausgård: Sterben. Roman. München 2011, 36.

5 Vgl. z. B. Ira E. Hyman/Elisabeth F. Loftus: Errors in Autobiographical Memory. In: Clinical Psychology Review 18.8 (1998), 933–947; Ira E. Hyman/Troy H. Husband/F. James Billings: False Memories of Childhood Experiences. In: Applied Cognitive Psychology 9.3 (1995), 181–197; Kimberley A. Wade [u. a.]: A Picture Is Worth a Thousand Lies. Using False Photographs to Create False Childhood Memories. In: Psychonomic Bulletin & Review 9.3 (2002), 597–603.

6 Knausgård 2011, 565.

7 Ebd., 36.

8 Vgl. Samuel Taylor Coleridge: Biographia literaria. Hg. v. Adam Roberts. Edinburgh 2014.

9 https://www.tagesspiegel.de/gesellschaft/medien/pop-legenden-eine-ard-doku-ueber-udo-lindenberg/8570050.html; https://www.stern.de/kultur/musik/udo-lindenberg--alle-lieben-udo---warum-eigent-lich-6818756.html; https://www.spiegel.de/spiegel/a-543699.html.

10 Édouard Louis: Das Ende von Eddy. Frankfurt/M. 2015, 206.

11 https://www.spiegel.de/kultur/literatur/edourd-louis-das-ende-von-eddy-ueber-hass-auf-schwule-in-frankreich-a-1018733.html.

12 https://www.zeit.de/2015/14/das-ende-von-eddy-edouard-louis.

13 Louis 2015, 24 f.

14 Ebd., 144.

15 Zu diesem Begriff vgl. Hans Ulrich Gumbrecht: Postmoderne. In: Jan-Dirk Müller [u. a.] (Hg.): Reallexikon der deutschen Literaturwissenschaft. Bd. 3: P–Z. Berlin 2003, 136–140.

16 Vgl. dazu Erik Schilling: Der historische Roman seit der Postmoderne. Umberto Eco und die deutsche Literatur. Heidelberg 2012.

17 Z. B. https://www.uni-potsdam.de/romanistik/hin/hin25/holl.htm.

18 Vgl. z. B. Hayden White: Metahistory. The Historical Imagination in Nineteenth-Century Europe. Baltimore [u. a.] 1973.

19 Vgl. z. B. https://www.spiegel.de/spiegel/print/d-83977254.html; https://www.welt.de/kultur/literarischewelt/article13866600/Kritiker-schreit-Nazi-Mordio-gegen-Christian-Kracht.html.

20 Vgl. z. B. https://www.spiegel.de/spiegel/print/d-9159324.html.

21 Thomas Melle: Die Welt im Rücken. Berlin 2016, 56.

22 Ebd., 162.

23 Ebd., 87.

24 Ebd., 113.

25 Ebd., 279.

26 Ebd., 157.

27 Wolfgang Herrndorf: Arbeit und Struktur. Berlin 2013, 281.

28 Thomas Mann: Betrachtungen eines Unpolitischen. Hg. v. Hermann Kurzke. 2 Bde. Frankfurt/M. 2009, Bd. 1, 13.

29 Vgl. Hans Ulrich Gumbrecht: Diesseits der Hermeneutik. Die Produktion von Präsenz. Frankfurt/M. 2004.

30 Ebd., 18.

Echte Politiker?
Authentizität in der Gesellschaft

1 https://www.sueddeutsche.de/politik/angela-merkel-harvard-rede-video-1.4469205-0#seite-2.

2 Helmuth Plessner: Gesammelte Schriften. Bd. 5: Macht und menschliche Natur. Frankfurt am Main 1981, 82.

3 Ernst Kantorowicz: Die zwei Körper des Königs. Eine Studie zur politischen Theologie des Mittelalters. Stuttgart 1992.

4 https://www.faz.net/aktuell/feuilleton/wie-einfallslos-merkels-rede-in-harvard-war-16215400.html?printPagedArticle=true#pageIndex_0.

5 https://www.tagesschau.de/ausland/selfie-affe-101.html.

6 Zit. nach ebd.

7 Peter Strohschneider: POTUS als Twitterer. In: Zeitschrift für Ideengeschichte 12 (2018), 61–75, hier 68.

8 Ebd., 69.

9 Ebd., 71.

10 https://www.deutschlandfunk.de/wissenschaftsmuell-wenn-forschung-nicht-haelt-was-sie.740.de.html?dram:article_id=330956; https://www.spiegel.de/wissenschaft/medizin/lancet-spezial-fuer-mehr-qualitaet-in-der-wissenschaft-a-942328.html; https://www.thelancet.com/series/research.

11 Jagoda Marinić: Nur Reden. In: Süddeutsche Zeitung vom 13.3.2020.

12 Zeh 2004, 305.

13 Robert Musil: Der Mann ohne Eigenschaften. Roman. Hg. v. Adolf Frisé. Hamburg 1952, 9.

14 Jacques Derrida: De la grammatologie. Paris 1967.

15 Umberto Eco: Der Name der Rose. München/Wien 1982, 635.

16 Theodor W. Adorno: Jargon der Eigentlichkeit. In: Ders.: Gesammelte Schriften. Hg. v. Rolf Tiedemann. Frankfurt/M. 1973, 413–526, hier 419.

17 Martin Heidegger: Der Ursprung des Kunstwerkes. Mit einer Einführung von Hans-Georg Gadamer. Stuttgart 2012, 8 f.

18 Ebd., 63 bzw. 54.

19 Vgl. ebd., 53.

20 Gumbrecht 2001, 282.

Ehrliche Menschen?
Authentizität im Verhalten des Individuums

1 Gustav Schlosser: Göthes Iphigenie nach ihrem religiös-sittlichen Gehalt. Zwei Vorträge. Frankfurt/M. 1875, 29.

2 Friedrich Pecht: Lessing-Galerie. Charaktere aus Lessing's Werken. Leipzig 1868, o. S.

3 Leopold Hasner: Denkwürdigkeiten von Leopold von Hasner. Autobiographisches und Aphorismen. Stuttgart 1892, 146.

4 Strafgesetzbuch in der Fassung der Bekanntmachung vom 13. November 1998 (BGBl. I, 3322), zuletzt geändert durch Art. 1 des Gesetzes vom 12. Juni 2020 (BGBl. I, 1247), § 211, Abs. 2.

5 Friedrich Nietzsche: Sämtliche Werke. Kritische Studienausgabe in 15 Bänden. Hg. v. Giorgio Colli u. Mazzino Montinari. München 1980, Bd. 6, 255.

6 https://www.spruchwelt.com/zitat/nietzsche-werde-der-du-bist.

7 Friedrich Nietzsche: Sämtliche Briefe. Kritische Studienausgabe in 8 Bänden. Hg. v. Giorgio Colli u. Mazzino Montinari. München 1986, Bd. 8, 571.

8 Nietzsche 1980, Bd. 6, 348.

9 Vgl. dazu Erik Schilling: Liminale Lyrik. Freirhythmische Hymnen von Klopstock bis zur Gegenwart. Stuttgart 2018, 236–263.

10 Thomas Mann: Nietzsches Philosophie im Lichte unserer Erfahrung. Vortrag am XIV. Kongress des PEN-Clubs in Zürich am 3. Juni 1947. Gedruckter Text und Tonaufnahme auf CD. Basel 2005.

11 Habermas stellt die These auf, dass es bei Nietzsche «nur noch Interpretationen und keinen Text mehr» gebe: Jürgen Habermas: Nachwort. In: Friedrich Nietzsche: Erkenntnistheoretische Schriften. Hg. v. Jürgen Habermas. Frankfurt/M. 1968, 237–261, hier 259.

12 Nietzsche 1980, Bd. 6, 378.

13 Michael Skowron: Dionysische Perspektiven. Eine philosophische Interpretation der «Dionysos-Dithyramben». In: Nietzsche-Studien 36 (2007), 296–315, hier 302.

14 Edward G. Armstrong: Eminem's Construction of Authenticity. In: Popular Music and Society 27 (2004), 335–355, hier 346.

15 Vgl. ebd., 336.

16 Ebd., 340.

17 Ebd., 343: «He accomplishes a self-conscious parody of rap's racially based authenticity.»

18 Vgl. https://www.pornhub.com/insights/2019-year-in-review.

19 James N. Butcher [u. a.]: Klinische Psychologie, 13., aktualis. Aufl., München 2009, 228.

20 https://www.der-postillon.com/2019/10/7-tipps-praesentation.html.

21 https://www.deutschlandfunk.de/das-wunder-von-helsinki-3-5-die-finnische-sauna-diplomatie.795.de.html?dram:article_id=423359.

22 https://www.sportbuzzer.de/artikel/muller-weint-nach-wm-aus-die-tranen-der-deutschen-nationalspieler/; https://www.fr.de/sport/fussball/traenen-kasan-11034451.html; https://www.onetz.de/oberpfalz/bilder-galerie-traenen-verzweiflung-id2415793.html.

23 https://www.express.de/zukunft/mensch-gesellschaft/traenen-rede-bei-den-oscars-2020-joaquin-phoenix-sorgt-mit-einem-satz-fuer-gaense-haut-36211598; https://www.msn.com/de-de/video/topvideos/bewegen-de-rede-brad-pitt-gewinnt-oscar-und-ist-den-tr%C3%A4nen-nahe/vi-BBZPkTg.

24 Louis Menand: Literary Hoaxes and the Ethics of Authorship. What Happens When We Find Out Writers Aren't Who They Said They Were. In: The New Yorker, 10. Dezember 2018.

25 Jeremias Thiel: Kein Pausenbrot, keine Kindheit, keine Chance. Wie sich Armut in Deutschland anfühlt und was sich ändern muss. München 2020.

Von der Lust an der Maske:
Plädoyer für Pluralität

1 Ein lesenswertes Buch dazu: Thomas Strässle: Gelassenheit. Über eine andere Haltung zur Welt. München 2013.

2 Judith Butler: Performative Akte und Geschlechterkonstitution. Phäno-menologie und feministische Theorie. In: Uwe Wirth (Hg.): Performanz. Zwischen Sprachphilosophie und Kulturwissenschaften. Frankfurt/M. 2002, 301–320, hier 302.

3 Frauke Berndt/Stephan Kammer: Amphibolie – Ambiguität – Ambiva-lenz. Die Struktur antagonistisch-gleichzeitiger Zweiwertigkeit. In: Dies. (Hg.): Amphibolie – Ambiguität – Ambivalenz. Würzburg 2009, 7–30.

4 Zu einer detaillierten Unterscheidung vgl. Jakob Lenz/Erik Schilling: Ambivalenz und Ambiguität. Begriffe – Geschichte – Literatur- und kulturgeschichtliche Bezüge. Stuttgart 2021.

5 https://www.elephant-skills.de/life-coching; https://gott.net/erlesen/himm-lische-post-2/soren-kierkegaard.html; https://www.steuerberater-oh.de/Dateneingang/2018-oktober_internet-services-stb/201810.htm.

6 Søren Kierkegaard: Entweder-Oder. Ein Lebensfragment. Leipzig 1885, 25.

PERSONENREGISTER

AUS DEM VERLAGSPROGRAMM

POLITIK UND GESELLSCHAFT BEI C.H.BECK

James Bridle
New Dark Age
Der Sieg der Technologie und das Ende der Zukunft
Aus dem Englischen von Andreas Wirthensohn
2. Auflage. 2020. 320 Seiten mit 25 Abbildungen. Gebunden

Marie-France Hirigoyen
Die toxische Macht der Narzissten
und wie wir uns dagegen wehren
Aus dem Französischen von Thomas Schultz
2. Auflage. 2020. 253 Seiten. Klappenbroschur
Beck Paperback Band 6377

Florian Meinel
Vertrauensfrage
Zur Krise des heutigen Parlamentarismus
2019. 238 Seiten. Klappenbroschur
Beck Paperback Band 6339

Armin Nassehi
Muster
Theorie der digitalen Gesellschaft
3. Auflage. 2019. 352 Seiten mit 2 Abbildungen. Gebunden

Astrid Séville
Der Sound der Macht
Eine Kritik der dissonanten Herrschaft
2018. 192 Seiten. Klappenbroschur
Beck Paperback Band 6325

LITERATUR BEI C.H.BECK

Nico Bleutge
Drei Fliegen
Über Gedichte
2020. 327 Seiten. Gebunden

Lily King
Writers & Lovers
Roman
Aus dem Englischen von Sabine Roth
2020. 319 Seiten. Gebunden

Laura Lichtblau
Schwarzpulver
Roman
2020. 202 Seiten. Gebunden

Jonas Lüscher
Ins Erzählen flüchten
Poetikvorlesung
2020. 111 Seiten. Klappenbroschur

Liz Moore
Long Bright River
Roman
Aus dem Englischen von Ulrike Wasel
und Klaus Timmermann
3. Auflage. 2020. 413 Seiten. Gebunden